Uwe Bartels

DAS
FÜRST-PLESS-HORN
UND SEINE TRADITION

Bilder, Berichte
und Dokumente zur
Kulturgeschichte

Landbuch
Verlag Hannover

Bartels, Uwe:
Das Fürst-Pless-Horn und seine Tradition.
Bilder, Berichte und Dokumente zur
Kulturgeschichte/
Uwe Bartels. – 1. Auflage. – Hannover: Land-
buch Verlag Hannover, 1999.
ISBN 3 7842 05801

© Landbuch Verlagsgesellschaft mbH
    Hannover
    Postfach 160, 30001 Hannover
    Kabelkamp 6, 30179 Hannover
    Tel.: 05 11/6 78 06-0
    Fax: 05 11/6 78 06-220
    http://www.landbuch.de

Projektleitung:
Ulrike Clever, Landbuch Verlag Hannover
Lektorat:
Erhard Brütt, Landbuch Verlag Hannover
Titelbilder:
Gerd zu Klampen, Neuss (Fürst-Pless-Horn)
Deutsche Jagdzeitung 1878 (Fürst v. Pless)
Forstamt Göhrde (Kaiserliche Hofjagd)
Maria Koellner, Hamburg (Autorenporträt)
Zeichnungen:
Heinz Geilfuss, Rien Poortvliet
Umschlaggestaltung und Layout:
Leidecker & Schormann,
Hannover / Bad Oeynhausen

Gesamtherstellung:
Landbuch Verlag Hannover

ISBN 3 7842 05801

*Empfang des Kaisers: Die Schüler der Hachenberger
Forstschule blasen den Fürstengruß.*

Uwe Bartels

DAS FÜRST-PLESS-HORN
UND SEINE TRADITION

BOLKO GRAF von HOCHBERG FÜRST von PLESS

Grußwort

*Das vorliegende Werk über das Fürst-Pless-Horn
habe ich gerne und mit Interesse gelesen und
begrüße inhaltlich und historisch die Ausführungen
über meinen Urgroßvater Hans-Heinrich XI.,
dem ein eigenes Kapitel gewidmet ist.*

*Zu dieser Arbeit beglückwünsche ich
Herrn Prof. Uwe Bartels und seine Mitarbeiter
sowie die Arbeitsgruppe des Landbuch Verlages
Hannover sehr herzlich.*

München, den 10. September 1999

*Porträt Bolko VI. Fürst von Pless
Gemalt von Danuta Nalewany*

Inhalt

Der Name **Pless** *hat im Laufe der Zeit verschiedene Schreibweisen erfahren. Wo nicht die dokumentengetreue Wiedergabe anderes festgelegt, wird hier die obige Schreibform gewählt. Sie findet sich auf den Emblemen der Hörner und wird von Mitgliedern der Fürstenfamilie heute verwendet.*

Dieses Buch bietet seinem Leser an, für eine Weile der Wegbegleiter eines schlichten Jagdgerätes zu sein.

Um den Werdegang des kleinen Horns für die Jagd zu Fuß bis in verborgenste Winkel zu beleuchten, wurden an den von Pless`schen Wirkungsstätten mancherlei Suchen angesetzt, Regale und Schubladen umgeräumt, sowie erste Kenner des Fachs aufgesucht und um Mithilfe gebeten.

Die Regale sind wieder eingeräumt, die Mitarbeiter vom historischen Staub befreit, und es ist an der Zeit, für die vielen Stunden des Spürens und Tastens durch einen Irrgarten von verlorenen und durch zwei Kriege verstreuten Dokumenten den Beteiligten hier Dank zu sagen.

Neben den Mitautoren, dem Lektor, dem Graphiker und der Objektleiterin im Landbuch Verlag Hannover, sind am Entstehen des Buches in ganz besonderer Weise beteiligt:

Die Buch- und Zeitschriftenverlage Bärenreiter, Kassel-Wilhelmshöhe; BLV, München; J. Neumann-Neudamm; Paul Parey, Hamburg-Berlin; Adolf Sponholtz, Hameln und Fischer & Wieschmann, Arnsberg.

Die Informanten und Bildzulieferer:
Wilhelm Brandt, Forstamtmann i. R. des Niedersächsischen Forstamts Göhrde; Bernhard Gerdes, Bildgeber; Wilhelm Holsten, Präsident der Landesjägerschaft Niedersachsen; Rolf Kröger, Redaktion „Wild und Hund", Dr. Peter Letkemann, Geheimes Staatsarchiv Preußischer Kulturbesitz, Berlin; Bernd Ockenfeld, Revierjäger des Niedersächsischen Forstamts Saupark Springe; Hans-Jürgen Pössel, Landesbläserobmann des Landesjagdverbandes Schleswig-Holstein von 1990 bis 1996; Horst Reetz, Archiv „Wild und Hund" Friedrich Ritter, Oberforstmeister i. R. und Geschäftsführer der Landesjägerschaft Niedersachsen i. R.; Dirk Schulte-Frohlinde, Geschäftsführer der Landesjägerschaft Niedersachsen; Peter Friedrich Sieben, Geschäftsführer des Landesjagdverbandes Bayern e. V.;
Dr. Jürgen Vocke, MdL, Präsident des Landesjagdverbandes Bayern e. V.; Hildebrand Walther, Ehrenobmann für jagdliches Brauchtum und Ehrenlandesbläserobmann des Landesjagdverbandes Bayern; Mandi-Rose Wargenau-Hahn, stellvertretende Landesbläserobfrau des Landesjagdverbandes Schleswig-Holstein; Manfred Willms, Landesbläserobmann der Landesjägerschaft Niedersachsen; Direktion des Wisentreservats von Bialowieza.

Besonders hebe ich hervor die spontane Mithilfe der wissenschaftlichen Leiter des Schlossmuseums Pszczyna (Pless), Dirketor Dr. Janusz Ziembinski und Dr. Jan Kruczek, in Zusammenarbeit mit Dr. Andreas Gautschi, Zytkiejmy; Prof. Glen Johnston, Montana, USA und Bolko Graf von Hochberg Fürst von Pless, München.

Das historische Material zur Instrumentenkunde entstammt den Sammlungen: Uwe Bartels, Piotr Grzywacz, Manfred Hein und den Archiven der Musikinstrumentenbau-Firmen: Gebr. Alexander, Mainz; Josef Dotzauer, Karlstadt; Herbert Gronitz, Hamburg; Kühnl und Hoyer, Markt Erlbach; Max B. Martin, Philippsburg; Ewald Meinl, Geretsried; Friedbert Syhre, Leipzig; Gerhard Wolfram, Markneukirchen; und dem Deutschen Jagd- und Fischereimuseum München, Bernd E. Ergert.

Die Fotos für die „Porträts" der Instrumente und Repros entstanden bei Erhard Brütt, Hannover, und Gerd zu Klampen, Neuss.

Durch die Zusammenarbeit vieler Freunde des Jagdhorns und die bereitwillige Mithilfe deutscher wie polnischer Institutionen konnte in drei Jahren ausgedehnter „Haupt- und Nachsuchen" die vorliegende Sammlung von Informationen anwachsen.
Es wurde hoffentlich keine wichtige Station auf dem Weg des „Fürst-Pless-Horns" unbeachtet gelassen. Meinen „jagdmusikalischen" Dank allen Beteiligten, auch denen, die gelegentlich in Gesprächen und Briefen mit wichtigen Informationen weitergeholfen haben und hier nicht einzeln genannt sind.

Buchholz, im Herbst 1999

Uwe Bartels

Einleitung

*Ü*ber hundert Jahre lang hat sich das von Pless'sche Jagdhorn durch rasante technische Entwicklungsphasen und gesellschaftliche Wandlungen bewegt, ohne dabei sein Wesen oder seine Gestalt nennenswert zu verändern.

Das erscheint ungewöhnlich. Denn jede Entwicklung wird im Prinzip von Veränderungen begleitet. Fortschritt und Erneuerung sind Bestandteile aller kulturgeschichtlichen Errungenschaften. Was sich neuen Bedürfnissen nicht anpassen kann, gerät ins Abseits, so lehrt es die allgemeine Erfahrung.

Umso mehr verwundert es, dass ein bescheidenes Signalgerät, Relikt aus einer Zeit, als Menschen sich noch ohne Motorkraft beschaulich durch die Landschaft bewegten, bis heute im Blickfeld des Interesses bleiben konnte.

Der längst vorhandene Zugriff auf Techniken der Nachrichtenübermittlung, die ein Vielfaches mehr leisten als es natürliche Schallausbreitung vermöchte, hat offenbar nicht verhindert, dass eine beträchtliche, stetig wachsende Zahl von Menschen sich hingebungsvoll damit beschäftigt, auf Blasinstrumenten zu üben, die kaum mehr als fünf verschiedene brauchbare Töne hervorbringen können – und das auch nur, wenn man täglich aufs neue hart daran arbeitet.

Diese erstaunliche Erscheinung und ein Blick auf die weite Verbreitung derart musizierender Menschen über ganz Mitteleuropa bietet wohl Anreiz zu einer genaueren Betrachtung des Kulturerbes „Fürst-Pless-Horn".

Warum das kleine Jagdhorn von seiner Namensgebung bis heute fast unverändert bleiben konnte, lässt sich unschwer beantworten: Als das handliche, runde Signalhorn durch seinen Nestor, Hans-Heinrich XI., Fürst von Pless, dem Jagdbetrieb verpflichtet wurde, war es schon ein Arbeitsgerät mit mehrtausendjähriger Vorgeschichte, ein für seine Zwecke kaum zu verbesserndes „Evolutionsergebnis" aus den Urformen des Auerochsenhorns, der Widderschnecke, des Elefantenzahns oder des Markknochens der Steinzeit.

So erklärt es sich, dass im Miniatur-Schritt der letzten hundert Entwicklungsjahre das erwiesen gut verwendbare Instrument keiner zwangsläufigen Änderung mehr bedurfte.

Um herauszufinden, weshalb sich das Instrument aber solange einer stetigen und in jüngerer Zeit sogar steigenden Beliebtheit erfreuen darf, muss das historische Verhältnis des Menschen zum Horn näher beleuchtet werden.

In der frühesten Zeit unserer jagenden Vorfahren war das Horn unverzichtbares Mittel für weiträumige Verständigung. Der Jäger musste auf seine Hilfe vertrauen und verspürte Sicherheit, wenn er es an seiner Seite wusste. Die Tragweite des Hornrufs garantierte den Zusammenhalt der Gruppe, jeder einzelne war erreichbar, auch wenn kein Sichtkontakt gehalten werden konnte.

Foto: Horst Arndt, Wild und Hund 6/92

So sehr haben sich die Zeiten offenbar gar nicht geändert. Mobile Kommunikationsgeräte sind mehr in Mode denn je! Nur, zur modernen Kommunikationstechnik baut man keine inneren Bindungen auf. Man benutzt sie, wird von ihr abhängig, fürchtet ihr Versagen und begibt sich damit ungewollt in zusätzlichen Stress.

Zum Horn hingegen hatten die Menschen, die auf seinen Dienst angewiesen waren, stets ein stark bindendes Verhältnis. Der Jäger wusste, dass ihn sein Horn niemals im Stich ließ, äußersten Belastungen widerstehen konnte und immer sicher funktionierte.

Zudem hat der Mensch, so lehrt es seine Entwicklungsgeschichte, stets große Freude am Klang des Horns empfunden. Denn der Hornton unterscheidet sich von allen anderen durch seinen – wie es die Lyriker ausdrücken – „innigen, blumigen" Charakter.

Er wird mit der Farbe „rot" verglichen, die Kunstmusik nennt das Horn „die Seele des Orchesters".

Menschliche Lebensqualität ist auf seelische Anrührung und Ausgeglichenheit angewiesen. Das Horn und seine Musik kommen dem entgegen. Sie sind besonders geeignet, Emotionen zu wecken. Daraus lässt sich wohl am besten erklären, weshalb Menschen immer wieder zum Horn greifen, obwohl es von allen Musikinstrumenten am schwierigsten zu beherrschen ist und tägliche Mühen auferlegt.

Es frustriert den Inkonsequenten, gibt aber dem Dauerhaften die Belohnung des guten Klangerlebens und einer belastbaren Kondition für Körper und Seele.

Wer intensiv Horn bläst, braucht sich keine Sorgen um sonstiges Ausgleichstraining zum Stressabbau zu machen!

Neben den kulturgeschichtlichen Beiträgen geht es schließlich in diesem Buch auch darum, aktuell zum praktischen Umgang mit der Jagd-Signalmusik zu informieren und gelegentlich Ungereimtheiten aufzuzeigen, die sich um das kleine Jägerhorn mit der großen Tradition versammelt haben.

So finden wir in einem neuen Fachlexikon der Hornisten:

Fürst Pless Horn, hornmäßig gewundene Jägertrompete, eingeführt im 19. Jhdt. als Ablösung d. Jagdhornes, mit Trompetermundstück geblasen[1]

Was ist es denn nun, unser „Fürst-Pless-Horn",
gar kein richtiges Horn, sondern eher eine Trompete?

[1] H. Pizka, Hornisten-Lexikon, 1986, S. 138

9

*Ölporträt Hans-Heinrichs XI. in der
Uniform des Oberstjägermeisters am
Berliner Hof.*

*Die rechte Hand des Fürsten um-
schließt ein Horn, das aber kein Instrument des 19. Jahrhunderts ist, sondern
ein „Jagdzink".*
*Jagdzinken waren Gebrauchsinstru-
mente bei Prunkjagden des
16./17. Jahrhunderts. Sie können, wie
die englischen „hunting-horns" nur
einen Naturton hervorbringen und
haben sich als stilisiertes Zubehör von
Gala-Uniformen hoher Jagd-und
Forstbeamter bis ins späte 19. Jahrhundert gehalten.*
*Das Bild, 160 x 113 cm groß, wurde
1875 von Gustav Richter, Berlin,
gemalt und hängt heute in der Jagd-
galerie, Ostflügel, des Schlossmuseums
Pszczyna (Pless).*
Inv. Nr. MP/Psz 573
Foto: Dr. Jan Kruczek

Uwe Bartels

Hans-Heinrich XI.
Fürst von Pless

Familie, Besitz und
jagdkulturelles Lebenswerk

Herausragende Persönlichkeiten erweckten stets das Verlangen ihrer Bewunderer, es ihnen gleichzutun, ihre Ausstattungen, Geräte und Werkzeuge zu kopieren, um damit dem Idol näher zu sein. Das gezielte Einsetzen solchen „Persönlichkeitskults" mit Vorbild-Wirkung macht es leicht, Menschen zu führen und – zu verführen. Darauf haben sich nicht nur zu allen Zeiten die Oberen der menschlichen Gesellschaften verlassen können, auch die Werbung erzielt damit seit jeher dauerhafte und zuverlässige Erfolge. Werden uns doch täglich die banalsten Verbrauchsgüter im Zusammenhang mit möglichst geachteten Personen angeboten. Meistens besteht zwischen diesen und den Marktartikeln überhaupt kein sachlicher Zusammenhang. Darauf kommt es auch nicht an, vor allem sollen Emotionen aktiviert werden und über sie das Verlangen.

Das war auch schon im vorigen Jahrhundert so und besonders in der Epoche, die mit dem Ursprung des Fürst-Pless-Horns in Verbindung steht.

Der Blick eines ganzen Volkes konnte nie zuvor fester auf ein zentrales Leitbild, den Kaiser und seinen Hof, gelenkt werden als im Deutschland des ausgehenden 19. Jahrhunderts. Täglich wurden kaiserliche Auftritte und Handlungen in der Presse vorgestellt, die Namen der Mitglieder des Hofes und besonders der obersten Militärs kannte nahezu jeder Bürger.

Ein Rückblick auf diese Zeit und das, was auf sie folgte, zeigt uns viel Negatives. Die Überbewertung äußerer Erscheinungsformen in Staatsszenerien mit erstarrten Rangordnungen ließ allzu oft Formales wichtiger erscheinen als menschliche Bedürfnisse. Es gab wenig Raum für die Hinterfragung von Werten und die Entwicklung neuer gesellschaftlicher Möglichkeiten.

Um so höher sind die Leistungen einzelner zu bewerten, die sich innerhalb dieser schwerfälligen hierarchischen Strukturen preußischer Staatsführung um individuelle Lösungen für ökologische und soziale Belange bemühten.

Zu diesen zählte ganz ohne Zweifel Hans-Heinrich XI., Fürst von Pless, und für die Verbreitung unseres kleinen Jagd-Signalhorns ist es mindestens am Anfang sehr hilfreich gewesen, mit der achtbaren Persönlichkeit des Fürsten in Verbindung gestanden zu haben.

Zeitgenössische Berichte zeigen uns, dass das Auftreten des Menschen, Fürst von Pless, in seinen privaten wie offiziellen Funktionen tatsächlich beeindruckend gewesen sein muss.

Seine Führung der umfangreichen land- und forstwirtschaftlichen Familienbetriebe mit flexiblem Eingehen auf die sozialen und persönlichen Bedürfnisse der Beteiligten war vorbildhaft und der Zeit in vielem voraus.

Der Fürst erbrachte neuartige Leistungen in den Bereichen der sozialen Versorgung auf den Gütern und hatte eine besondere Fähigkeit zur

Würdigung des Fürsten und seiner Verdienste um die heimischen Wild-bestände, in: Deutsche Jagdzeitung, 1878

Deutsche Jagdzeitung

Illustrirte
Umschau in den Revieren der Jägerei.

Preis: Vierteljährlich 4 Mark.

Alle Postanstalten, Buchhandlungen und die Verlagsbuchhandlung in Leipzig nehmen Bestellungen an

Zuschriften an die Redaction werden erbeten: J. Werner, Leipzig, Johannisgasse 22.

| VII. Revier. | Leipzig, 21. December 1878. | Jagen 6. |

Hans Heinrich XI., Furst von Pless, Reichsgraf von Hochberg, Freiherr zu Fürstenstein, kgl. preuss. Oberst-Jägermeister, vermälte sich am 15. Jänner 1857 mit der Fürstin Marie, des Grafen Eduard von Kleist und Lützen und der Gräfin Louise geb. Reichsgräfin v. Hochberg Tochter. Aus dieser Ehe entstammen drei Söhne: Graf Hans Heinrich XV. von Hochberg, Graf Konrad von Hochberg, der den Namen des verstorbenen Bruders des Fürsten trägt, und Graf Maximilian, sowie eine Tochter, Comtesse Ida Louisa von Hochberg.

Fürst Pless nimmt unter den Weidmännern Deutschlands eine so hervorragende Stelle ein und der Name Sr. Durchlaucht ist viel zu wohlbekannt, um in dieser Richtung Etwas hinzufügen zu können. Der Wildpark bei Pless ist das Eldorado aller Jäger des Continents und der Fürst, ein ebenso rationeller Wild-züchter wie weidgerechter und unermüdlicher Jäger, verdient durch seine mannigfachen Züchtungsversuche den Dank der gesammten Gilde des heiligen Hubertus. Wir erinnern hier nur an die so gelungenen Züchtungsresultate der Wapiti-Hirsche und der Auerochsen, deren Abbildung wir in unserem heutigen Jagen bringen. Wir hoffen, dass uns die Güte Sr. Durchlaucht in den Stand setzen wird, über den so hochinteressanten Wildpark in Pless eingehendere Daten bringen zu können.

Motivation des Personals. Seine vielfältigen Vorhaben betrafen sowohl praktische als auch wissenschaftlich experimentelle Projekte.

Speziell im Jagdbetrieb ging von Pless ganz neue Wege bei der Verbesserung von Wildbeständen durch Zucht, Aufartung und Wiedereinbürgerung in kontrollierten Arealen.

Für die dokumentarische Würdigung des Hauses Pless, insbesondere des jagdlichen Bereiches, kann es keinen Geeigneteren geben, als einen Zeitzeugen, der Jahre seines Lebens im Dienste der Fürstenfamilie verbrachte.

Willy Benzel, der letzte Wildmeister in den Pless'schen Forsten und Rotwildrevieren hat uns einen Bericht hinterlassen, der hier Auskunft geben soll über die Persönlichkeit von Hans-Heinrich XI., Fürst von Pless, und seinen Wirkungsbereich:

>> Pless, einst das Wildparadies schlechthin, vor allem aber eines der bedeutendsten Rotwildgebiete seiner Zeit und jedem Rotwildjäger wohlbekannt, ist heute fast in Vergessenheit geraten.

Von der jüngeren Generation weiß kaum noch jemand, wo Pless liegt. Unbekannt sind ihr das Land und die Menschen, die in diesen Grenzgebieten zwischen Rußland mit Polen und Österreich mit der Tschechoslowakei im äußersten Südostzipfel Oberschlesiens gelebt und für ihr Deutschtum gekämpft und gelitten haben. Darum möchte ich, soweit meine Kenntnisse reichen und mir Unterlagen zur Verfügung stehen, darüber berichten.

Seit 1548 hat Pless dem Gräflich Promnitzschen Geschlecht gehört und war nach dem Tode seines letzten Sprosses, Johann Erdmann, im Jahre 1768 dem Anhalt-Köthenschen Herzogshause zugefallen. Mit dem Tode des letzten Herzogs von Anhalt-Köthen ging das Fürstentum Pless im Jahre 1847 durch Erbfolge an den Reichsgrafen Hans Heinrich X. von Hochberg über, der damit Fürst von Pless wurde.

Dem Buch „Die Grafen von Hochberg vom Fürstenstein", das mit dem Jahre 1185 beginnt und mit dem Jahre 1888 abschließt, entnehme ich teils im Wortlaut, teils dem Sinne nach folgende Angaben. Alle wichtigen Vorkommnisse, von denen das Buch berichtet, sind durch Urkunden belegt. Die altertümliche Schreibweise habe ich übernommen. (I)

Die Grafen von Hoberg, später von Hochberg, waren schon seit dem Jahre 1312 in Schlesien ansässig. 1509 erwarb Conrad von Hoberg von der böhmischen Krone den Lehensbesitz der Herrschaft Fürstenstein in Niederschlesien für einen baaren Pfandschilling von 10.000 Schock böhmischer Groschen, also etwa 50.000 Mark (Vertragsurkunde vom 11. Juni 1509).

Im Jahre 1605 kaufte Conrad III. von Hoberg die Herrschaft Fürstenstein als freies Eigenthum für 72.000 Thaler. Der Kauf wurde durch Kaiser Rudolf von Österreich am 11. Juni 1605 bestätigt.

Die Herrschaft Fürstenstein umfaßte damals außer Schloß Fürstenstein 3 Städte und 30 Dörfer. Über die jagdlichen Verhältnisse, die uns als Jäger doch besonders interessieren würden, ist in dem langen Zeitraum vom 14. bis Mitte des 19. Jahrhunderts nur wenig bekannt. 1599 werden zwar Fischzucht und der Fang von Krammetsvögeln in Dohnen erwähnt; außer von großen Treibjagden auf Wölfe ist in dem Buch aber kein Wort über die Jagd auf Nutzwild zu lesen. Trotzdem wird die Annahme berechtigt sein, daß in der Freien Standesherrschaft Fürstenstein, die in dem waldreichen Waldenburger Bergland liegt, das wiederum zu dem großen Rotwildgebiet der Ostsudeten gehört, Rotwild als Standwild vorgekommen ist. Die Jagd hat dort zu jener Zeit wohl noch nicht die Rolle gespielt, die ihr im 19. Jahrhundert beigemessen wurde. Es wird aber berichtet, daß im Jahre 1663 Hans Christian von Hochberg von einem Raubschützen erschossen wurde.

Während der fast 50jährigen Besitzzeit des Grafen Hans Heinrich I. (1626 bis 1671) ist die Jagd im Fürstensteiner Gebiet nie ausgeübt worden. Ihm hatten seine Sorgen weder Freude noch Zeit für das edle Waidwerk gelassen. Hierdurch waren für Menschen und Vieh recht üble Folgen erwachsen.

Unter der allgemeinen Verwilderung des 30jährigen Krieges war das Raubzeug zu Herren der Wälder geworden. Füchse, Marder, Wiesel und ähnliches Gesindel waren die gefürchteten Gäste der Höfe und die zahlreichen Wölfe eine Gefahr für Leib und Leben. Die regelmäßig abgehaltenen großen Treibjagden brachten zwar Abhilfe, aber eine Ausrottung der Wölfe gelang nicht. Während der drei schlesischen Kriege (1740 bis 1763) vermehrten sie sich wieder zu einer gefährlichen Landplage. Man mußte nach Beendigung der Kriege außerordentliche Anstrengungen zu ihrer Ausrottung machen. Aber obgleich das Schußgeld für jeden Wolf auf 5 Thaler erhöht worden war, blieben die Bestien bis gegen Ende des Jahrhunderts eine Gefahr für Mensch und Vieh. Noch 1784 wurde dicht unter dem Fürstenstein eine alte Wölfin mit 6 Jungen und im März 1789 im Polsnitzer Revier, ganz in der Nähe von Freiburg, eine solche mit 7 Jungen erlegt.

In Oberschlesien, im Fürstentum Pleß, kam der letzte Wolf im Jahre 1872 durch Förster Witte im Revier Wygorzelle zur Strecke. Nach Mitteilung von Landforstmeister i. R. Freitag wurden nach dem Ersten Weltkriege noch zwei Wölfe in Schlesien erlegt, einer davon durch Heger Hagen in Radau O/S., und der andere durch v. Korn auf Rudelsdorf N/S.

Mit der Übernahme des Fürstentums Pleß im Jahre 1847 hatte Hans Heinrich X., Fürst von Pleß, eine Last auf sich genommen, die nach menschlichem Ermessen nicht zu bewältigen war. Dieses Erbe hatte ihm wohl einen viermal größeren Gebietszuwachs zu seinem Besitz gebracht, aber es bestand nur aus leeren Kassen, schwerwiegenden

Zahlungsverpflichtungen, einem mächtigen, dem Einsturz nahen Schloss, ertragslosen Ländereien, versumpften Wiesen und ausgedehnten Waldungen, deren Nutzung wegen des mangelnden Absatzes kaum möglich war.

Infolge vorangegangener Notjahre, welche mit ihren Mißernten ganz Schlesien empfindlich berührt hatten, war in Oberschlesien der Hungertyphus ausgebrochen. Namentlich in den Kreisen Pleß und Rybnik wütete er mit einer an die Schrecken der Pest in früheren Jahrhunderten erinnernden Heftigkeit. Die Dörfer starben zur Hälfte aus, und Hunderte von Gehöften waren völlig verödet. Die Überlebenden siechten kraftlos dahin; und die der Krankheit nicht erlagen, verfielen dem lähmenden Einfluß eines aus allgemeinem Elend entspringenden Stumpfsinns.

Um hier Abhilfe zu schaffen, zog Hans Heinrich X. aus seiner Herrschaft Fürstenstein alle nur möglichen Mittel; und als diese nicht mehr ausreichten, nahm er bedeutende Anleihen auf. Große Kulturarbeiten wurden in Angriff genommen: Trockenlegen der meilenweiten Sümpfe, Bau von Landwirtschaftsvorwerken und Errichtung neuer Steinkohlengruben. Gleichzeitig begann mit Hunderten von Arbeitern die Anlage des schönen Pleßer Parkes. Zum Umbau des mächtigen Pleßer Schlosses wurden auch Hunderte fleißiger Hände benötigt. Das gleiche galt von der Errichtung von Eisenhütten und anderer gewerblicher Anlagen wie Brett-, Mehl- und Ölmühlen.

In erster Linie waren alle diese Unternehmungen dazu bestimmt, der hungernden

Hans-Heinrich von Hochberg vor dem Jagdschloss Promnitz, Ölbild von Oscar Begas, 1865, Schlossmuseum Pszczyna, Inv. Nr. MP/S/ 1854

Bevölkerung Arbeit und lohnenden Verdienst zu verschaffen und ihr dadurch neuen Lebensmut zu geben. Eine gleiche Fürsorge wurde denen zugewendet, welche zur Arbeit und Selbsthilfe nicht mehr fähig waren. Suppenanstalten und Volksküchen wurden eingerichtet, und zur Durchführung einer geordneten Armenpflege ließ der Fürst eine Anzahl Brüder aus dem Rauhen Hause in Hamburg kommen.

Soweit und bis hierher war die Hilfeleistung des Fürsten, wie sich von selbst versteht, interkonfessionell. Die Notjahre hatten aber Tausende von Waisenkindern zurückgelassen. Diese halb verhungerten und verlorenen Kinder irrten scharenweise in den verödeten Dörfern und auf den Landstraßen umher; der menschlichen Sitte und menschlichen Nahrung waren sie zum Teil völlig entwöhnt; mit Gras und anderen zur menschlichen Nahrung nicht geeigneten Dingen hatten sie sich sehr kümmerlich durchgefuttert. Ihre Erziehung war daher eine mehr als gewöhnliche Aufgabe. Der konfessionellen Bevölkerungsmischung entsprechend waren etwa neun Zehntel der Waisenkinder katholisch. Für diese hatte die königliche Staatsregierung große Anstalten gebaut, die als die sogenannten Oberschlesischen Typhus-Waisenhäuser auf öffentliche Kosten so lange erhalten wurden, bis die letzten Pfleglinge erwachsen waren.

Für die evangelischen Waisen des Fürstenthums zu sorgen, hatten der Fürst von Pleß und seine fromme Schwester, Gräfin Charlotte zu Stolberg-Wernigerode, sich vorbehalten. Die letztere errichtete das blühende evangelische Waisenhaus für Mädchen in Altdorf bei Pleß und übergab die fertige, für hundert Kinder eingerichtete und mit Grund und Boden dotierte Anstalt dem Diakonissenhause zu Kaiserswerth. Der Fürst aber sammelte etwa 150 verwaiste Knaben und Mädchen in den Häusern des früheren Badeortes Czarkow, wo sie von Pflegern aus dem Rauhen Hause bis zum Eintritt in selbständige Berufsarbeit erzogen wurden.

Um der Landwirtschaft neuen Auftrieb zu geben, ließ der Fürst von seinen Gütern der Herrschaft Neuschloß in Niederschlesien fleißige, ordentliche und bescheidene Arbeiterfamilien nach Pleß kommen und siedelte sie, mit großen Kosten verbunden, auf den oberschlesischen Besitzungen an. Diese Leute, tüchtige Landwirte, waren an leichte Böden mit geringen Erträgen gewöhnt. Ihr Verhalten und ihre Erfolge haben vorbildlich gewirkt und viel zu dem großen Aufschwung beigetragen.

Hans Heinrich X., Fürst von Pleß, hat die Erfolge seiner zielbewußten, tatkräftigen und mühevollen Arbeit, die zunächst der notleidenden Bevölkerung helfen, zugleich aber auch seine Besitzungen verbessern sollte, nur noch in den Anfängen erlebt. Er starb am 20. Dezember 1855 im Alter von 49 Jahren.

Der Nachfolger von Hans Heinrich X. war sein Sohn Hans-Heinrich XI. Er setzte das große, von seinem Vater begonnene Werk mit besten Erfolgen fort. Er war gleich jenem sehr umsichtig, fleißig, sparsam und sehr bescheiden in persönlichen Bedürfnissen. Er war überall und nirgends. Bald tauchte er im Morgengrauen auf einem seiner großen Güter im Kuhstall beim Melken auf, erschien als guter Reiter bei groß angelegten Meliorationsarbeiten, besuchte ganz unerwartet

Hans-Heinrich XI. Fürst (Herzog) von Pless auf der Gamspirsch, ca. 1875, Wild und Hund XIX. Jahrg. Nr. 52, S. 1022

Bergwerke, Brettmühlen, Brauereien und sonstige Betriebe, überwachte auch die Buchführungen und kümmerte sich sehr um seine umfangreichen Forsten. Dem Waidwerk war er ganz besonders zugetan, und sein segensreiches Wirken ist deutlich in dem Aufblühen der starken, gesunden Wildbestände zum Ausdruck gekommen. Dem edlen Rotwild galt seine besondere Liebe, und die Erfolge, die er mit seinen Hirschen erzielt hat, wurden weit über Deutschlands Grenzen hinaus bekannt. Als er im Jahre 1855 den Besitz übernahm, war schon ein genügender Rotwildbestand vorhanden, der aber in bezug auf Qualität noch viel zu wünschen übrig ließ.

Ob das Rotwild in Oberschlesien autochthon, d. h. schon immer Standwild gewesen war, entzieht sich meiner Kenntnis; jedoch möchte ich annehmen, daß es in den großen Waldgebieten des Ostens schon immer vorgekommen ist. Nach mündlichen Überlieferungen des Grafen Wilhelm von Hochberg-Krutsch soll schon 1747 in den Pleßer Forsten ein Wildgatter errichtet worden sein. In welchem Umfang und über die Dauer fehlen Unterlagen.

Um die schwer um ihre Existenz ringenden Bauern vor Wildschaden zu schützen, wurde der Wald, der an die Bauernfelder grenzte, eingezäunt. Da nun aber das Rotwild seine Wechsel verlegte und an den nicht eingegatterten Stellen um so mehr auf die Felder drängte, der ganze Waldbesitz der hohen Kosten wegen aber nicht eingefriedet werden konnte, ließ der Fürst den 10.000 ha großen Tiergarten errichten, der später auf 11.000 ha vergrößert wurde. Ehe der Zaun ganz geschlossen war, wurde aus den angrenzenden Revieren noch Rotwild in den Pleßer Tiergarten, wie er fortan hieß, eingedrückt. Der bodenständige Bestand soll in den ersten Jahren seines Bestehens etwa 500 Stück betragen haben. Gegen zwei Drittel des Waldes wurden rotwildfrei gehalten. Das war zunächst nicht leicht, und es wurden noch längere Zeit Treibjagden, auch in eingestellten Jagen, abgehalten.

In dem Tiergarten begann alsbald die Hege mit der Büchse, und zwar nach dem Leitsatz: „Das Schlechte fällt zuerst, das Gute bleibt möglichst lange erhalten." Diese Hege erstreckte sich zunächst nur auf männliches Wild. Hirsche, die ein starkes, vieldendiges Geweih erhoffen ließen, sollten vor dem 10. Jahre nicht abgeschossen werden, alle schlecht veranlagten dagegen, sogenannte Durchforstungshirsche, so schnell wie möglich. Weibliches Wild wurde, außer auf der Pürsch, auch noch auf Treibjagden erlegt. Hierbei konnten für bevorzugte Gäste auch noch Hirsche freigegeben werden.

Als sich in der erwarteten Zeit ein sichtbarer Erfolg nicht einstellte, sollte durch „Blutauffrischung" schnellstens Abhilfe geschaffen werden, und zwar mit dem stärksten Wild, den kanadischen Wapiti. Im Jahre 1862 kaufte Fürst von Pleß von einem bayerischen Herrn aus Berchtesgaden (vermutlich Graf Arko-Zinneberg) 14 kanadische

Herzog von Pless, Oberstjägermeister
Sr. M. des Kaisers,
E. Bieder, Hofphotograph

Wapiti, die dieser in der Nähe des Königssees aus vier von Kanada bezogenen Stücken im Laufe von sechs Jahren gezogen hatte.

Als am 27. Januar 1895 die erste deutsche Geweihausstellung in Berlin eröffnet wurde, stand Fürst Pleß mit seinen Rothirschgeweihen an erster Stelle. Er erhielt neben anderen Auszeichnungen den von Kaiser Wilhelm II. gestifteten Ehrenpreis für den besten deutschen Rothirsch der Ausstellung, einen kapitalen 16-Ender, den er am 30. August 1894 im Revier Kobier erlegt hatte.

In „Das Waidwerk in Wort und Bild" vom 1. März 1895 ist über die in dieser Ausstellung gezeigten Geweihe folgendes zu lesen: „Von ganz prächtigem Wuchs aber und hervorragender Stärke sind die des Fürsten von Pleß, in dessen Revieren zur Zeit noch 386 Hirsche, darunter 10 Hirsche vom 22-Ender aufwärts, und 441 Stück Kahlwild stehen." Das Geschlechterverhältnis war natürlich ein anderes, denn bei dem Kahlwild sind die Hirsch- und Wildkälber mit eingerechnet, die nach der Zählung im Januar und Februar als Frühjahrsbestand noch vorhanden waren.

Von den Erfolgen der Pleßer Hege sagte Raesfeld 1895 in seinem Buch „Das deutsche Waidwerk", daß sie alles, was man bisher erwarten zu dürfen glaubte, bei weitem übertreffen, und dies bei einem Geschlechterverhältnis Hirsche zu Kahlwild von 1,25 : 1. Dieses Verhältnis hat sich auf die Dauer nicht bewährt, weil die Platzhirsche von anderen starken Hirschen dauernd bedrängt wurden und nicht zur Ruhe kamen; es wirkte sich ungünstiger aus, als wenn sie ein Vielfaches von Tieren beschlagen hätten, die ihnen bei den verhältnismäßig kleinen Brunftrudeln zur Verfügung standen; auch wurden mehr Hirsche geforkelt als erwartet werden konnte. In Zukunft betrug das Geschlechterverhältnis 1,1 : 1.

Hans-Heinrich XI., Herzog von Pleß (er war aus Anlaß des 50jährigen Besitzjubiläums mit dem Herzogtitel gewürdigt worden), war einer der größten Jäger seiner Zeit. Er hat sich nicht nur um das Rotwild ein gutes Andenken gesichert, sondern er hat auch die Wisente, die schon vor Jahrhunderten in unserem Vaterlande ausgerottet waren, in den deutschen Wald zurückgeführt. Er hat auch seine Reviere mit Sikawild bereichert, das sich gut bewährt hat. Für Dam-, Reh- und Schwarzwild wurden unter seiner Leitung beste Lebensbedingungen geschaffen. Die Niederjagd, besonders die Fasanenzucht, kam in höchste Blüte. Auf den großen eigenen Feldmarken, in denen die Fasanerie-Reviere lagen, ließ er zahlreiche Remisen und Feldhölzer von etwa 600 ha Größe anlegen. In guten Jahren kamen bis 10.000 Fasanenhähne zur Strecke. Große Fischteiche, die den Enten und sonstigem Wassergeflügel Schutz und Nahrung boten, wurden längs der Weichsel, die im Süden die Grenze des Kreises Pleß, gleichzeitig aber auch die Landesgrenze mit Österreich bildete, und auch in anderen Teilen des Besitzes angelegt bzw. instand

Auerjagd des deutschen Kronprinzen auf den Fürstlich Pleß'schen Besitzungen in Oberschlesien.

Der Auerochse war um diese Zeit längst ausgestorben. Dagegen erhielt Fürst Pless um 1860 einige Wisente aus Bialowieza, die damals umgangssprachlich „Auerochsen" genannt wurden. Quelle: Manfred Hein, Dt. Jägerzeitung 1878, S. 45 (Zeichner unbekannt)

gesetzt. Diese haben stets eine gute Rente gewährleistet. Der Birkwildbestand war sehr gut. Ausgesetztes Auerwild hat sich aber nicht gehalten; es soll sich in die Westkarpaten umgestellt haben.

In der freien Standesherrschaft Fürstenstein wurde Muffelwild ausgesetzt, das sich hier in den besonders gut geeigneten Gebirgsrevieren vorzüglich vermehrte. Von den Widdern wurden im Laufe der Jahre kapitale Trophäen erbeutet. Im Tännengebirge, das Herzog Pleß vom k. k. österreich. Ärar in Pacht hatte, hat er das Gamswild auf eine hohe Stufe gebracht. Seinen Bemühungen um die Wiedereinbürgerung des Steinwildes in den Alpen war bis dahin ein Erfolg nicht beschieden.

Gute Hunde waren bei ihm Voraussetzung für eine waidgerechte Jagdausübung. Er hat die damals fast vergessenen Jagdsignale wieder eingeführt und bis auf den heutigen Tag erinnern das Pleßer Waldhorn, die Pleßer Jagdsignale und der Pleßhut an diesen großen Jäger

Seine Verdienste um das deutsche Waidwerk wurden von aller Welt anerkannt. Daher wurde er von Kaiser Wilhelm I. im Jahre 1873 zum Oberstjägermeister von Preußen und danach zum Chef des Hofjagdamtes ernannt. Damit wurde er mit der Leitung des gesamten königlichen Jagdwesens betraut. Diese Aufgaben hat er bis zu seinem Tode im Jahre 1907 vorbildlich durchgeführt. Was in dieser Zeit Hervorragendes in den königlichen Jagdgehegen geleistet worden ist, einschließlich Rominten und Schorfheide, ist vielfach seinem Einfluß und seiner Entschlußkraft zu verdanken. Von Kaiser Wilhelm II. wurde ihm die höchste Auszeichnung, die ein Waidmann erhalten kann, zuteil. Er wurde zum „Großmeister des sehr edlen Ordens St. Huberti vom weißen Hirsch" ernannt.

Aber nicht nur Wald und Wild lagen ihm am Herzen; er hat auch für alle seine Beamten und Arbeiter in Industrie, Forst-, Land- und Teichwirtschaft vorbildlich gesorgt. Schon 1869 wurde die „Pensions- und Unterstützungskasse der Fürst von Pleßischen Beamten" ins Leben gerufen, also schon zu einer Zeit, da es in Preußen noch keine Sozialversicherungen gab. Diese Kasse wurde durch Kapitalrücklagen und Eintragungen auf den Besitz nach menschlichem Ermessen unerschütterlich gesichert und sorgte für das Alter der Pleßer Beamten besser als dies der Staat für seine Beamten tat. Die Beamten und Arbeiter hatten „Fürstliche Freikur", das heißt, sie hatten freien Arzt und freie Apotheke, im Bedarfsfalle auch freie Krankenhausbehandlung und, wenn nötig, auch freien Kuraufenthalt. Es ist daher kein Wunder, wenn dort allgemein nicht vom Herzog von Pleß, sondern schlicht und einfach vom „Alten Herzog" gesprochen wurde.

Er folgte hiermit traditionsgemäß seinen Ahnen, den Grafen von Hochberg, die sich stets für das Wohl der Bevölkerung eingesetzt hatten. Mit der Übernahme der Herrschaft Fürstenstein im Jahre 1509 war die obere und niedere Gerichtsbarkeit in vollem Umfang auf die

Besitzer übergegangen. In früheren Jahrhunderten waren die Untersuchungs- und Strafverfahren hart, oft grausam. Die Fürstensteiner Rechtspflege steht dazu in wohltuendem Gegensatz und läßt eine von Humanität getragene Rechtspflege erkennen. Durch die ganze Fürstensteiner Rechtspflegen gehen ebenso nachsichtige Milde wie ernste Zucht, ein patriarchales Wohlwollen und die strenge Forderung des Gehorsams gegen göttliche und menschliche Ordnung. Nach diesen beiden Seiten hin wurde auch das Strafverfahren gehandhabt. Von den harten, oft grausamen Bestimmungen, welche die damals allgemein geltende peinliche Halsgerichtsordnung Kaiser Karls V. vom Jahre 1530 und 1532 enthält, läßt es nichts erkennen. Die verdiente Strafe bildet zwar die nothwendige Sühne für das Verbrechen; aber die Hauptsache ist die Besserung des Übeltäters, die Rettung der Familie, die Erhaltung des Hausstandes und die Sicherung der Gemeinde.

Hans-Heinrich VI., Reichsgraf von Hochberg, war darauf bedacht, daß allen neuen Ansiedlungen auf seinen Gütern sofort die Eigenschaft freien Eigenthums ohne Hofedienste und Roboten beigelegt wurde, und lange bevor das Edikt vom 9. Oktober 1807 die Erbunterthänigkeit aufhob, war auf der Fürstensteiner Herrschaft schon 1791 allen Untertanen die völlige Ablösung jeder persönlichen Leistung oder auf dem Grundstück haftenden Last gestattet und empfohlen worden.

Durch die ganze Geschichte der Grafen von Hochberg, Fürsten von Pleß, zieht sich von 1312 bis zur Vertreibung der Deutschen im Jahre 1945 wie ein roter Faden das Wohlwollen, das dieses Adelsgeschlecht der Bevölkerung, ihren Arbeitern und Beamten gegenüber stets zum Ausdruck gebracht hat.

Die Forstbeamten wurden nicht mit 65 Jahren pensioniert. Es war ihnen freigestellt, ob sie noch länger im Dienst bleiben oder in den Ruhestand versetzt werden wollten. Nach 50jähriger Dienstzeit, die gar nicht selten erreicht wurde, erhielten die Beamten das volle Gehalt als Pension zuzüglich des Wertes der Nebenbezüge wie freie Wohnung, Beheizung, Dienstkleidung, Garten und Dienstland. Ließen sie sich mit 65 Jahren pensionieren, dann bekamen sie 75 Prozent ihres gesamten Einkommens als Pension.

Als Hans-Heinrich XI., Herzog von Pleß, im August des Jahres 1907 seine nimmermüden Augen für immer schloß, ließ er einen hervorragend geleiteten Besitz zurück, der in Oberschlesien 42.000 ha umfaßte, davon 27.000 ha Wald und 15.000 ha Landwirtschaft, Fischteiche und Industriegelände. Für den Niederschlesischen Besitz fehlen mir die Unterlagen für die Größe der Landwirtschaft und des Industriegeländes. Der Wald war etwa 10.000 ha groß.

Sein Sohn Hans-Heinrich XV. übernahm von seinem Vater ein mustergültiges Erbe. Nach Ablegung des Abiturienten-Examens in Breslau studierte er in Berlin, Genf und Bonn, diente hierauf in dem

16-Ender, erlegt von Fürst von Pleß am 30. August 1894

Garde-Husaren-Regiment und machte von 1882 bis 1885 große Reisen durch Ostindien, Niederländisch-Indien und Nord-Amerika. Nach seiner Rückkehr trat er beim Auswärtigen Amt in Berlin ein und wurde 1886 der Gesandtschaft in Brüssel, 1887 der Botschaft in Paris attachiert. Im Jahre 1889 erfolgte nach Ablegung des diplomatischen Staatsexamens seine Ernennung zum Botschafts-Sekretär, in welcher Eigenschaft er 1890 nach London versetzt wurde. In England heiratete er und nahm 1891 den Abschied aus dem Staatsdienst. Im Sommer 1892 zog das junge prinzliche Paar auf seinen heimischen Boden im Schlosse seiner Väter zu Fürstenstein ein.

Nach dem Tode des „Alten Herzogs" wurde der gesamte Besitz in Ober- und Niederschlesien von Hans-Heinrich XV., Fürst von Pleß,

Erinnerungskarte der Familie von Pleß, die anlässlich der Beisetzung des Herzogs verschickt wurde.
Hans-Heinrich XI. von Hochberg starb am 14. August 1907 in Albrechtsberg bei Dresden.
Am 17. August 1907 fand das Begräbnis in Fürstenstein/Niederschlesien statt.
Unterschrieben wurde die Karte von Herzogin Mathilde, der zweiten Ehefrau Hans-Heinrichs XI.
Das Bildmotiv entstammt dem Gemälde „Fürst Pleß im Tennengebirge" von Prof. F. Graf Harrach
Foto: Dr. Jan Kruczek, Pszcyna

in derselben vorbildlichen Weise weitergeführt. Sein Wirken stand aber nicht unter einem so günstigen Stern wie das seines Vaters. Als nach dem Ersten Weltkriege, im Jahre 1922, Südost-Oberschlesien aus dem deutschen Reichsverband herausgerissen und an Polen angegliedert wurde, gehörte hierzu auch der Kreis Pleß. Damit war die Blütezeit des Fürstentums Pleß bald zu Ende.

Hans-Heinrich XV. starb am 30. Januar 1938. Er wurde im Pleßer Park auf dem Nachtigallenhügel beigesetzt.

Sein Nachfolger, Dr. Hans-Heinrich XVII. Fürst von Pleß, Reichsgraf von Hochberg, Freiherr von Fürstenstein, der schon als Prinz von Pleß seinen oft kranken Vater vertreten mußte, war wie seine Vorfahren ein sehr guter Heger, Jäger und Schütze. Gleich seinem Ahnen Hans-Heinrich I. (1626 bis 1671) hat ihm die Sorge um die Erhaltung des Besitzes nur wenig Zeit für das edle Waidwerk gelassen. Nach dem Zweiten Weltkrieg ging der ganze Fürst von Pleßische Besitz in Ober- und Niederschlesien an den polnischen Staat über. 《

Schloss Pless, Arbeitszimmer des Fürsten.
Wild und Hund Jahrg. XIX. Nr. 52
Foto von 1913

Pless heute – Pszczyna

Der polnische Staat hat große Anstrengungen unternommen, den ehemals v. Pless'schen Besitz als Kulturdenkmal zu würdigen und mit wissenschaftlichen Methoden zu restaurieren. Der Bestand war durch die Einwirkung der beiden Weltkriege, nach unterschiedlichster, artfremder Nutzung bis auf einen Rest-Baubestand zurückgefallen.

Die Einrichtungsgegenstände, sowie die innere und äußere Ausstattung des Schlossgebäudes und des Parks waren zerstört oder abhanden gekommen.

Nach vorhandenen alten Fotos sind die meisten Räume des Schlosses heute wieder restauriert und für Besucher geöffnet.

Die Restaurierung erfolgte unter der Leitung von Museumsdirektor Dr. Janusz Ziembinski und seinem wissenschaftlichen Mitarbeiter, Dr. Jan Kruczek, in Zusammenarbeit mit dem gegenwärtigen Repräsentanten der Familie von Pless, Graf Bolko von Hochberg Fürst von Pless.

Die für die wissenschaftliche Betreuung Verantwortlichen, Dr. Ziembinski und Dr. Kruczek, haben 1998 einen Museumsführer herausgege-

Schloss Pless,
Federzeichnung von Bernard Freiher
1998

ben, in dem der Interessierte umfassend über die Sammlungen und die Einrichtung des Schlosses informiert wird.

1995 wurde für die vorbildliche Wiederherstellung des ehemaligen v. Pless'schen Besitzes ein internationaler Preis vergeben.

Dazu der Museumsführer auf Seite 15:

„Die Besucher, die heute durch die Schlosssäle wandeln, deren Einrichtung, Farben und Vergoldungen pietätvoll rekonstruiert worden sind, können eine Reise durch die Zeit antreten und sich in die Epoche vor fast hundert Jahren zurückversetzen. Auf dem europäischen Kontinent gibt es heute nur noch wenige Schlösser, die so komplex und in so gutem Zustand erhalten geblieben sind wie das in Pszczyna. Daher hat die nichtstaatliche Organisation Europa Nostra mit Sitz in Den Haag, die sich mit dem Schutz des europäischen Kulturerbes und der Landschaft befasst, beim Wettbewerb von 1995 das Schlossmuseum in Pszczyna mit dem Ehrendiplom, für die pietätvolle, auf eingehende Studien gestützte Rekonstruktion, die den Schlossräumen und ihrer Ausstattung den Glanz vom Anfang des 20. Jahrhunderts wiedergegeben hat, zusammen mit einer Bronzeplakette mit symbolischen Darstellungen zu schützender Objekte (Schloss, Bürgerhäuser, Kirche, Kloster, Berg, Wald) ausgezeichnet."

Embleme Schlossmuseum, Pszcyna

Diplom „Europa Nostra"

Manfred Hein

Hörner und
Signale

Nicht nur Jäger kennen
ihren Wert

S eit Beginn der Kulturgeschichte waren die Menschen bestrebt, Verständigungsmittel zu finden, die weiter reichten als die Kraft ihrer Stimme. Dieses Bedürfnis veranlasste sie zur Entwicklung ständig verbesserter Geräte, mit denen sich Töne erzeugen ließen. Dabei spielten sowohl die Eignung als Tongeber, leichte Handhabung und persönliche Vorliebe für besondere Formen eine wichtige Rolle.

Die Naturformen des Horns erwiesen sich dabei neben Schlaginstrumenten, hohlen Hölzern und Felltrommeln als die klangstärksten Hilfsmittel.

Nachdem man gelernt hatte Metalle zu gewinnen und sie durch Gießen, Schmieden oder Treiben zu bearbeiten, wurden Hörner der verschiedensten Arten und Formen auch aus Metall hergestellt.

Der für uns bedeutsame Zeitabschnitt begann im 17. Jahrhundert. Man verwendete damals auf Jagden Signalhörner, die halbmondförmig gebaut waren, sogenannte „Flügelhörner". Daneben gab es ein kleines, kreisförmig gewundenes Jägerhorn, das schon dem heutigen Fürst-Pless-Horn ähnelte. Hierüber finden sich Abbildungen in der Literatur jener Zeit. Entsprechend ihrer geringen Länge war der Tonumfang eingeschränkt. Als Faustformel mag gelten, dass auf einem Naturtoninstrument etwa so viele Töne gut zu blasen sind, wie es – gemessen in Fuß (1 Fuß = ca. 30 cm) – lang ist.

Die Hörner wurden damals nicht nur von Instrumentenbauern gefertigt, sondern auch von Kupferschmieden, wobei jeder nach seiner eigenen Auffassung vorging. Man nahm verschiedenes Material, und die Hörner hatten keine einheitliche Länge oder Mensur (Mensur = Verhältnis der Länge zur Weite im Instrumentenrohr). Sie waren somit weder in Stimmung noch vom Tonumfang her zueinander passend.

Bis ins 18. Jahrhundert weist die Literatur die Verwendung der noch wenig ausgereiften Signalhörner hauptsächlich dem Jagdgebrauch zu.

Daneben sind sie nur vereinzelt bei anderen Gelegenheiten anzutreffen, wie z. B. der im Museum für das Fürstentum Lüneburg aufbewahrte „Halbmond von Ackenhausen", der bei jährlichen Grenzbegehungen der Gemarkung geblasen wurde.

Eine deutliche Entwicklung zu Signalinstrumenten, wie sie noch heute in Gebrauch sind, erfolgte durch die Verwendung von Hörnern bei der militärischen Führung.

In den letzten Jahrzehnten des 18. Jahrhunderts zeichnete sich ab, dass die bisherige starre „Lineartaktik", bei der die Infanterie in breiter geschlossener Linie im rhythmischen Wechsel von Feuer und Bewegung vorging und mit dem Trommelschlag geführt wurde, nicht mehr dem technischen Fortschritt entsprach. Der gesteigerten Feuerkraft moderner Steinschlossgewehre waren die offen vorgehenden Bataillone schutzlos ausgesetzt und die Gefahr ihrer Vernichtung zu groß geworden. So vermieden die Heerführer offene Feldschlachten und beschränkten sich mehr auf Manöverstrategie. Dies war besonders im Bayerischen Erbfolgekrieg (1788-89) der Fall.

Ein wesentlicher Vorteil der bis dahin geschlossenen Formation war jedoch die Erschwerung der Fahnenflucht. Die zum Teil zum Miltärdienst gepressten Leute versuchten, sich diesem bei jeder Gelegenheit zu entziehen. Die dadurch, sowie durch Krankheiten entstandenen Verluste, waren wesentlich größer, als durch die eigentlichen Kampfhandlungen.

Die Nachteile der Lineartaktik zeigten sich besonders im nordamerikanischen Unabhängigkeitskrieg (1775 bis 78). Die dort in gelockerter Ordnung kämpfenden einheimischen Milizverbände mit ihrem unbeugsamen Freiheitswillen waren den englischen Linienregimentern – samt den gemieteten deutschen Soldtruppen – eindeutig überlegen. Bei der neuen Kampfweise bildeten Angriffe im deckungsreichen Gelände mit anschließendem Zurückweichen das Grundelement.

Diese Erfahrungen gelangten bald nach Europa, wo man ebenfalls begann, leichte, bewegliche Truppen zu schaffen. Neben den alten Musketier- und Grenadiereinheiten wurden Füsilier-, Jäger- und Schützenbataillone aufgestellt. Deren aufgelockerte Kampfart erforderte anstelle der Trommel und Querpfeife ein neues Signalinstrument mit größerer Reichweite zur Kommandoübermittlung.

Weitgehend nahm man dazu das halbmondförmige Flügelhorn. Es wurde 1788 bei den preußischen Truppen eingeführt. Andere deutsche Staaten folgten. Daneben gab es aber bereits bei den Jägerbataillonen das kleine, kreisrund gewundene „Jägerhorn", das die Jäger als Elitetruppe, im Erscheinungsbild sehr auf Eigenständigkeit bedacht, führten. Die verwendeten Signale wurden teilweise – natürlich nun mit militärischer Bedeutung – aus der Jägerei übernommen. Für die leichte Infanterie waren 1788 in Preußen acht Signale vorgesehen;

1. Marsch
2. Halt und sammelt Euch
3. Chargiert (Laden und Abfeuern von Handwaffen)
4. Stopft (Einstellen des Feuers)
5. Haltet Euch rechts
6. Haltet Euch links
7. Schwärmt
8. Retraite (Zurückziehen)

Diese Signale reichten nicht aus, deshalb wurden ab 1801/02

links: Hornist, 1806, Preußen
rechts: Hornist, 1815, Graue Jäger,
Braunschweig
Quelle: Sammlung Manfred Hein

27

Pommersches Füsilier-Regiment Nr. 34
(Soldat mit langem Signalhorn)

insgesamt 20 Signale festgelegt. Die Truppe begeisterte sich so sehr am Signalblasen – verschiedene Einheiten fügten sogar unerlaubterweise eigene Signale hinzu –, dass bald über 40 in Gebrauch waren. Durch diese Fülle wurde aber mehr Verwirrung als Ordnung geschaffen. Der preußische König hörte bei den Herbstmanövern 1810 in Potsdam viele Signale, die er weder kannte noch verstand.

Um dem überflüssigen Geblase ein Ende zu machen, wurde 1812 die Zahl im Exerzierreglement wieder auf 20 Signale festgesetzt, die nun für alle Fußtruppen verbindlich waren. Man ging davon aus, dass ein einfacher Soldat etwa 20 bis 25 Signale und deren Bedeutung erkennt.

„Alles darüber hinaus ist ihm nicht mehr zuzumuten!" Dabei muss man bedenken, dass Signale nicht nur bei schönem Wetter auf dem Exerzierplatz, sondern auch unter extrem ungünstigen Bedingungen wie nachts, bei Regen, Sturm, Schneefall und Kälte und auch im Kampfgetümmel, wo es um Leben und Tod geht, abgegeben und vor allem verstanden werden mussten. Grundvoraussetzung für die Brauchbarkeit von Signalen ist deshalb, dass sie kurz, prägnant, unverwechselbar und leicht verständlich sind.

Während Artillerie, Pioniere und Train (Versorgungseinheiten) ebenfalls mit dem Horn in C der Infanterie ausgerüstet waren, hatte die Kavallerie Signaltrompeten in Es mit eigenen, ihrem Wesen entsprechenden Signalen. Dadurch war eine gute Unterscheidung möglich. Eine Ausnahme machten die Dragoner, die auch das Horn führten, da man sie derzeit nicht zur Kavallerie rechnete.

Sie hatten das Pferd nur als Fortbewegungsmittel, führten den Kampf aber zu Fuß. Die Truppe spottete:

> *„Der Dragoner ist halb Mensch, halb Vieh*
> *aufs Pferd gesetzte Infanterie."*

Notgeld 1921,
Abbildung eines Hornisten vom
Garde-Jägerbatalllion in Felduniform
von 1914

In den späteren Jahren wurden die Dragoner jedoch ganz von der Kavallerie übernommen, wie diese ausgerüstet und ausgebildet.

Nach den napoleonischen Kriegen lösten handlichere, trompetenmäßig einmal gewundene Signalhörner englisch-hannoverschen Modells die überkommene Form des Flügelhorns ab. Diese Hörner hatten aber keinen ausschwingenden Schallbecher wie Trompeten, oder Waldhörner, sondern der Schalltrichter erweiterte sich geradlinig (techn. Begriff dafür: stumpfes Schallstück). Damit wurde zugleich überall die C-Stimmung eingeführt. Die Hörner hatten bei der Infanterie eine rote und – soweit sie auch von Jägern und Schützen geblasen wurden – eine grüne Stoffumwicklung (rot = Waffenfarbe der Militärmusiker, grün = Waffenfarbe der Jäger und Schützen).

Erste Notenbeispiele, von denen wir unsere heutigen Signalrufe ableiten können, stammen aus dem Jahre 1787. P. Panoff hat sie in seinem Werk über die Militärmusik überliefert. C.F. Guntram bringt 1834 ein Buch über die Jäger und Schützen heraus, in dem die preußischen Flügelhornsignale enthalten sind, die später für alle entsprechenden Truppengattungen übernommen wurden.[1]

Der entscheidende Zeitraum, der zur Entwicklung des Fürst-Pless-Horns führte, begann etwa in der Mitte des 19. Jahrhunderts. Die Jäger- und Schützenkompanien bestanden derzeit überwiegend aus Berufsjägern und Förstern. Ihre Hornisten wurden zu den aufkommenden fürstlichen Hof- und Staatsjagden als Signalgeber kommandiert. Sie führten ihre Hörner dort zur Unterstützung der zivilen Forstkollegen, welche die Jagden auszurichten hatten, und bliesen die ihnen bekannten Militärsignale. Man gab diesen dann eine andere, jagdliche Bedeutung. Dabei verwendete man, je nach Ausrüstung der Einheiten, sowohl das runde Jägerhorn als auch das gerade Signalhorn in C.

Ein Kuriosum entstand bei den kaiserlichen Jagden im Staatsrevier Saupark bei Springe. Der englischen Tradition des Königshauses folgend, wurden in den hannoverschen Jagd- und Forstverwaltungen Instrumente englischer Bauart aus Kupfer geblasen.

Diese „Hannoverschen Jagdhörner" gab es bereits vor 1866, ehe Hannover nach dem „Deutschen Krieg" preußische Provinz wurde, und sie blieben aus der alten Tradition heraus fester Bestandteil der Ausrüstung von Rüdemännern.[2]

Kam nun eine „Kaiserjagd" mit den zugehörigen Hofbeamten aus Berlin nach Springe, so trafen „moderne" Pless-Jagdhörner auf die überkommenen hannoverschen. Beide vertraten ihre angestammte Daseinsberechtigung, passten aber weder in der Stimmung noch vom Signalbestand her zusammen. So sieht man auf Bildern von der letzten Hofjagd in Springe, 1912, Forst-und Jagdbedienstete, die gleichzeitig das Pless-Horn und das hannoversche Jagdhorn tragen.

In einer Beschreibung der betreffenden Jagd heißt es: „Unter Anwesenheit des Kaisers und der Jagdgäste wurde die Strecke verblasen. Die

Signale wurden zunächst mit dem Fürst-Pless-Horn nach der preußischen Weise geblasen und dann anschließend mit den hannoverschen Hörnern nach den hannoverschen Weisen [3]

Schwarzwildjagd mit der Findermeute
im Forstamt „Saupark", Springe
Wilhelm II. mit der Saufeder am
gestellten Stück, die Forstbeamten
tragen das Fürst-Pless-Horn und das
Hannoversche Horn
Archiv Nds, Forstamt Saupark, Springe

Auszug aus der Originalausgabe von 1897

Hoch lebe unser höchster Jagdherr!!!
Horri! Horri!
Horrido! Horrido! Horrido!

Allen treu-hannoverschen Waidmännern gewidmet.

Waidmannsheil!

Hannover, 1897.

Fritz Lenz.

Die Militärsignale prägten später entscheidend die heutigen deutschen Jagdsignale. Ein Teil unserer Jagdleitsignale lässt sich direkt, manchmal mit kleinen Änderungen, von den Militärsignalen ableiten.

Nach Gründung des Deutschen Kaiserreiches 1871 wurde Hans-Heinrich XI., Fürst von Pless zum Oberstjägermeister Kaiser Wilhelm I. ernannt. Damit begann die Ära „Fürst Pless".

Für das militärische Signalwesen in Deutschland hatte dieses vorerst keine direkte Bedeutung. Aber es blieb die Wechselwirkung, dass junge des Blasens kundige Forsteleven ihre Kenntnisse während der Dienstzeit beim Militär verwenden konnten und umgekehrt, dass alljährlich gut ausgebildete Hornisten wieder in ihr früheres Berufsleben zurückkehrten.

Es ist interessant, die Geschichte der Signalmusik beim Militär weiter zu betrachten, denn das „Jägerhorn" ist dort bis in die heutige Zeit und jetzt als Original „Fürst-Pless-Horn" im Gebrauch.

So wurde ein kleines rundes Horn auch bei der deutschen Schutztruppe in Deutsch-Ostafrika von Askaris (afrikanische Soldaten) im Dienst benutzt. Fotografien zeigen sie in vorschriftsmäßiger Hornhaltung bei der Flaggenparade, oder blasend beim Marsch durch die Savanne.

Als Besonderheit bleibt zu erwähnen, dass die Signalhornisten des Garde-Jägerbataillons bei Paraden Hörner in ihrer Urform von Oryx-Antilopen führten, die Kaiser Wilhelm II. ihnen 1896 verliehen hatte. Diese Hörner waren grün umwickelt und ca. einen Meter lang. Danach müssen sie etwa in Es-Sopran gestanden haben.

In Preußen wurde 1878 ein einwindiges Signalhorn in C mit weitem Schallbecher eingeführt. Die bisherigen Modelle blieben aber weiter in Verwendung, denn bei den immer knappen Haushaltsmitteln mussten die Bestände erst aufgebraucht werden. So sah man die alten Hörner noch viele Jahre, da sie aufgrund ihrer robusten Bauart ein langes Leben hatten. 1899 wurde das kleinere, zweiwindige Signalhorn in C allgemein eingeführt. Dieses Modell begleitete die deutschen Truppen bis in den Zweiten Weltkrieg hinein (auch heute wird es noch gefertigt und in den Katalogen der Instrumentenmacher angeboten. Käufer sind Spielmannszüge aller Art).

Zum Zusammenspiel mit der Harmoniemusik war ordonnanzmäßig ein B-Aufsteckbogen, das „Schweineschwänzchen" vorgesehen. Einer der bekanntesten gemeinsam geblasenen Jägermärsche war der „Marsch der freiwilligen Jäger aus den Befreiungskriegen", dem im Truppenjargon der Text unterlegt wurde:

„Trink Tee, trink Tee, immer rin in die Heilsarmee!
Schon wieder eine Seele vom Alkohol gerettetet,
schon wieder eine Seele vom Alkohol befreit!"

Askari, Schutztruppe von Deutsch-Ostafrika, 1914 aus „Die Deutsche Schutztruppe" von Werner Haupt.

Seit 1889 wurde der Einsatz von Signalen stark eingeschränkt. Mit wenigen Ausnahmen fanden sie nur noch im Standortdienst Verwendung. Erhalten geblieben ist das vermutlich bekannteste Signal überhaupt, das noch heute im sogenannten „Martinshorn" gebräuchliche „Straße frei". Wir hören es jeden Tag von Polizei, Feuerwehr und Rettungsdiensten.

Der Name Martinshorn kommt von der Firma Martin, Markneukirchen, die Anfang dieses Jahrhunderts eine dreitönige Signalhupe, (eigentlich „Huppe", bei der die Töne durch eine schwingende Metallzunge hervorgerufen werden) für den aufkommenden Autoverkehr entwickelte.

Mit Beginn dieses Jahrhunderts ging die große Zeit der Signalmusik noch weiter zurück. Sie war aber auch mit dem Ende des Ersten Weltkrieges und der Auflösung der kaiserlichen Armee nicht zu Ende. (Im Kriege wurde das Horn zur Einsparung von Gelbmetall aus Eisenblech hergestellt.)

In der Reichswehr gab es wieder Jägerbataillone, die sich mit grüner Waffenfarbe von der Infanterie unterschieden und durch Pflege der alten Jägersignale dem Hörnerklang treu blieben. Hermann Schmidt (Heeresmusikinspizient von 1929-1945) berichtet: „Bei einzelnen Jägerbataillonen sind noch sogenannte Jäger- oder Pless-Hörner in Gebrauch."

Auch die Wehrmacht verzichtete keineswegs auf das Jagdhorn. So enthält die Heeres-Druckvorschrift (H. Dv.) 32 vom 1. September 1936 für die Tragweise folgende Vorschrift: „Das Jägerhorn wird auf dem Marsch über dem Tornister hängend getragen. Beim Blasen wird es so in der rechten Hand gehalten, dass das Schallstück halb nach rechts oben zeigt."

Straße frei

Nur für die Jägertruppe sind folgende Signale aufgeführt:

Die Noten entsprechen den heutigen Signalen in der DJV-Fassung.

Die Luftwaffe verwendete als Signalhorn ein Jägerhorn in C aus Neusilber, auch alle anderen Musikinstrumente waren aus diesem Material hergestellt (Kriegsausführung war aus Aluminium). Die Verwendung des Jagdhorns mag einmal damit zusammenhängen, dass der Oberbefehlshaber, Hermann Göring, zugleich „Reichsjägermeister" war. Zum anderen, dass die Luftwaffe in allem und jedem einen eigenen

32

Weg ging, sehr auf Äußerlichkeit bedacht war und sich auch hier von den anderen Verbänden abheben wollte. Spöttisch unterschied der Volksmund:

> *„Das ‚preußische' Heer,*
> *die ‚kaiserliche' Marine*
> *und die ‚NS'-Luftwaffe".*

In der Bundeswehr gibt es keine eigentliche Signalmusik mehr. Die Musikkorps haben jedoch jeweils sechs Fürst-Pless-Hörner, die von Trompetern bei den nur selten gespielten Jägermärschen geblasen werden. Auch gibt es in Jägerbataillonen außeretatmäßig Fürst-Pless-Hörner, deren Verwendung aber sehr von der Einstellung des jeweiligen Kommandeurs abhängt. In der für das Musikwesen zuständigen „Zentralen Dienstvorschrift ZDv 78/3" sind für das „Flaggensignal" (entspricht dem früheren Signal „Flaggenparade") anstelle der Trompeten auch Signalhörner in B (Fürst-Pless-Hörner) erlaubt. Ein Gleiches gilt für die Marine, die beim Bordzeremoniell statt der Trompeten Signalhörner in B zulässt.

Somit wird mit dem Fürst-Pless-Horn – wenn auch in geringem Umfang – die lange Tradition der militärischen Signalmusik bis in unsere Zeit fortgeführt. Die heutige weite Verbreitung des Fürst-Pless-Horns im Jagdwesen mag dazu beigetragen haben.

Die Zusammenhänge von Signalmusik bei unterschiedlichen Truppengattungen, aber auch bei der Seefahrt, der Feuerwehr, der Post und der Jagd sind umfassend dargestellt worden in der Dissertation „Signalmusik" von Donald Preuss, 1980.

Es finden sich darin deutliche Ähnlichkeiten und Übereinstimmungen von Melodieformen in verschiedensten Anwendungsbereichen. Wo sie als Nachweis für die Entwicklung unserer Jagdsignale dienen können, sind sie hier herausgegriffen.

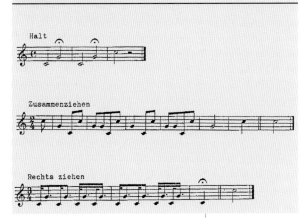

Hornsignale aus dem Exerzier-Reglement für die Infanterie der Königlich Großbritannisch-Hannoverschen Armee, 1821

Deutsche Jagdsignale

Signale für die Infanterie von 1906

Flügelhorn-Signale von 1812

Deutsche Jagdsignale

Deutsche Jagdsignale

Signale für die sächsischen Feuerwehren, 1902
für Horn, doppeltönige Huppe und Pfeife

Stillgestanden od. Wasser marsch od. vorwärts

Deutsche Jagdsignale

Treiben zurück („Das Ganze" wird vorausgeblasen)

Zu - rück zu - rück das Trei - ben geht zu - rück. —

Hornsignale, Berlin 1876

Appell

Jägermärsche

Die sogenannten „Jägermärsche" befinden sich an der Nahtstelle zwischen Militär- und Jagdmusik. Sie gehören nicht zum eigentlichen Brauchtum der Jägerei, denn der jagende Mensch braucht in keiner Situation eine von Spielleuten begleitete Mars,chmusik. Die militärischen Gruppierungen „Jäger" hingegen hatten bei geschlossenen Bewegungen durchaus Verwendung für Marschmusik. Militärmärsche für Jagdhörner gibt es deshalb bereits seit der frühesten Zeit aktiver Jägerbataillone.

Als Beispiel hier der Marsch unter Nr. 39 im Notenbuch von J. Rosner, Pless, 1888,[1]), der bei R. Stief mit verändertem Arrangement als „Jägermarsch Nr. 2" erscheint.[2])

[1]) An der Zusammenstellung dieser Notensammlung war Fürst von Pless persönlich mitbeteiligt. (Siehe dazu der *Fürst und sein Jagdhorn*, ab S. 56.)

[2]) R. Stief, Handbuch der Jagdmusik, Bd. 2, S. 12

1. Stimme

2. Stimme

Marschbesetzung mit Jagdhörnern. Mit seinem angenehmen Klang findet das Fürst-Pless-Horn auch Liebhaber bei Musikern außerhalb des jagdlichen Brauchtums.

Quelle: Dr. Hans-Walter Berg: Blas-orchester und Spielleute-Korps in der Bundesvereinigung Deutscher Blas- und Volksmusikverbände, 1989, S.46

[1] Vergl. R. Stief, Handbuch der Jagdmusik, Bd. 1. C.F. Mayer-Verlag, München 1969

[2] Dr. Wilhelm Peßler: Die Forst- und Jagd-abteilung im Vaterländischen Museum der Stadt Hannover 1916

[3] Dr. Ernst Munzel: Der Saupark bei Springe, S.91/92, Dissertation, 1968, Forstl. Fakultät Han.-Münden

„Jagd mit der Findermeute" im Forstamt Saupark, Springe, 1912.
Rüdemann Eilers neben Wilhelm II. führt das „königlich-hannoversche" Horn.

Links neben Wilhelm II., Hermann Löns, vor dem Kaiser Freiherr von Heintze,
der zu dem Zeitpunkt schon die Nachfolge Hans-Heinrichs XI. als Chef des
preußischen Hofjagdamtes angetreten hatte.
Archiv Niedersächsisches Forstamt Saupark, Springe

Hermann Löns war Gast bei der letzten kaiserlichen Jagd im Forstamt Saupark, November 1912.

Von dieser Jagd gibt es Fotos, die den Jagd- und Naturschriftsteller an der gestreckten Sau neben dem Kaiser zeigen. Bei den Forstbediensteten sind wieder die Hannoverschen Hörner zu sehen, die ihr Dasein neben den Fürst-Pless-Hörnern behaupteten.

Löns hat von dieser Jagd mit der Findermeute einen Bericht hinterlassen und sich darin speziell dem Klang der verschiedenen Hörner zugewandt. Gleich am Anfang beschreibt er den Klang-Charakter der Instrumententypen so: „die Pless'schen kurz und hart, die hannöverschen lang und weich."

Da Hermann Löns auch als feinsinniger Liederdichter bekannt war, ist diese musikalische Beschreibung wohl ein ernstzunehmender Beleg.

Hermann Löns, Gast und Erzähler: „Hinter der Findermeute"

» „Sau tot" und „Jagd vorbei" bliesen die Hörner, die Pless'schen kurz und hart, die hannöverschen lang und weich. Ich stand unter der Kuppe des Hallermundskopfs auf dem Wege und sah hinab in das Tal, ließ mir den Sturm um die Ohren pfeifen und mir gelbe Blätter um die langen Stiefel wehen und freute mich an dem Geläut der Meute, an dem Hu Su! der Rüdemänner, wie ich mich vorhin gefreut hatte an dem Knall der Büchsen, am Brechen und Blasen der Sauen. Ich sah das Fangeisen blitzen in des Kaisers Hand, sah das Hauptschwein nach den Hunden schlagen und sah es zusammenbrechen. Da tauchte unter mir in den rotlaubigen Winterbuchen und den hohen gelben Schmielen ein grüner Rock auf, ein grüner Hut, dazwischen ein derbes, rotbäckiges, bartumrahmtes Gesicht, schweißglänzend; ein Lächeln zog in das Gesicht, eine vom Schweiß der Sauen gerötete schwere Hand fuhr grüßend an den grünen Hut und streckte sich dann meiner Rechten entgegen.

Es war der Rüdemann. Wie er so dastand, das Rüdemannshorn und die kurze Wehr an der Seite, die lange Rüdemannspeitsche in der Linken, rotbespritzt bis an die Oberschenkel, rote Schweißstreifen und Schweißspritzer am grünen Rock, da dachte ich mir: Ob es nicht viel lehrreicher für dich ist, morgen bei der Meute zu bleiben, mitzustürmen durch Dorn und Dickung, als hinter den Ständen zu bleiben? Im Jagen ist's doch schöner als hinterm Jagen.

Am anderen Morgen, als die Meute zu Holz zog, zog ich mit in dem sonderbaren wilden Zug. Voran die beiden Rüdemänner, dahinter die Hundeführer in ihren verschossenen Joppen, in ihren verwetterten Hüten und ihren geflickten Hosen. Jeder führte an der Koppel

Uwe Bartels
Erhard Brütt

Die kaiserlichen Hofjagden

Teilnehmer berichten von den jährlichen Hofjagden in Springe

Originalseiten aus Hermann Löns:
Mein grünes Buch, Jagdgeschichten,
Verlag ehemals Ernst Geibel,
Hannover

zwei Hunde; einige der Männer trugen die Saufedern, deren scharfes Blatt Lederkappen verhüllten.

Mit lautem Hals zog die buntscheckige Meute bergan. Wütend rissen die jagdlustigen Rüden an den Koppeln und zerrten die Führer berganwärts, dem Gersieck zu. Der Sturm in den hohen Buchen pfiff ein lustiges Jagdlied; der Hals der Meute dazwischen, die Zurufe der Führer, das klang nach alten Zeiten.

Am Sammelplatz waren die Hunde nicht zu bändigen. Sie rissen an den Koppeln, gaben unaufhörlich Laut, und einstimmig fielen sie ein, als der Fürstengruß erklang; so arg machten sie es, dass die

Rüdemänner ihnen ein Pfui Laut! nach dem anderen zuriefen und ihnen die Peitschenschnüre über den Rücken zogen. Da wurde sie etwas stiller.

Aber dann, als der Kaiser und der Kronprinz und die übrige Jagdgesellschaft nach ihren Ständen gingen, da war es wieder aus mit der Ruhe der Meute. Als die Jagd angeblasen wurde, als die ersten Schüsse fielen, da nahm das Jifffjaff kein Ende und immer wieder musste die Peitsche pfeifen.

In einer Berglehne, gelb von Schmielen, mit Tannen und Buchen bestanden, ging es hinein, im Sturmschritt, dass die grünen Zweige uns in die Augen schnellten und das Winterlaub der Buchenjugenden uns um die Ohren rauschte. Die Rüden in wilden Sätzen voran, die Führer an straffgezogenen Koppeln hinterher, dass die Braken brachen und die Äste knackten, Fallholz zerknatterte und Geknäk prasselte.

Allen voran die Rüdemänner. Jetzt teilen sie sich in die Meute. Pui Laut! ruft der eine immer wieder und lässt die Peitsche kreisen; die Hunde sind zu laut, sie übertönen mit ihrem Halsgeben die Hornsignale.

und das Winterlaub der Buchenjugenden uns um die Ohren rauschte. Die Rüden in wilden Sätzen voran, die Führer an straffgezogenen Koppeln hinterher, daß die Braken brachen und die Äste knackten, Fallholz zerknatterte und Geknäk prasselte. Allen voran die Rüdemänner. Jetzt teilen sie sich in die Meute. Pfui Laut! ruft der eine immer wieder und läßt die Peitsche kreisen; die Hunde sind zu laut, sie übertönen mit ihrem Halsgeben die Hornsignale. Da vor uns bricht es in der Dickung. Hunde los! ruft der Rüdemann, und Hu Su, mit gellendem, langgezogenem Kehlton, Hu Su, wahr too, min Hund, wahr too! Das lassen sich die scharfen Hunde nicht zweimal sagen. Wie ein Donnerwetter fegen sie dahin über Stock und Stein, durch Braken und Dornen, daß das Fallaub fliegt unter ihren Läufen. Drüben an der Lehne flüchten die Sauen, schwarze Klumpen in dem roten Fallaub. Ein kurzer Knall, ein blaues Wölkchen, und im Knall zeichnet eine, rollt zu Tal, daß ganze Laublawinen mitgehen. Aber diese, die zeichnet und stürmt weiter. Doch bei jeder Flucht wird sie kürzer, und jetzt schiebt sie sich hinter der Fahrstraße ein, Hu Su, wahr too, min Hund, wahr too! erklingt es. Der Keiler wird wieder hoch, schlägt zwei Hunde ab, flüchtet weiter, Schaum am Gebräch, hinter sich die Hunde. Der Rüdemann befiehlt: Mehr Hunde los! Noch zwei fahren auf den grimmen Bassen los, und noch einer und noch einer. Sie umkreisen mit giftigem Hals den Keiler. Der schiebt sich an einem Stuken ein und weist den Hunden

das leuchtende Gewaff, sein wütendes Ruff Ruff schnaubend. Immer wieder gehen die Hunde zum Angriff über mit wütendem Hals, immer wieder fährt der Kopf des Keilers von rechts nach links, jedesmal überholt sich dann ein Hund, heult vor Gift und fährt wieder zu. Jetzt benutzt der eine rote Hund den Augenblick, da der Keiler nach seinem Koppelgenossen schlägt, er hängt am Gehör des Keilers, jetzt auch der andere, nun alle vier, und da springt auch schon der Rüdemann zu, faßt des Keilers Hinterlauf mit der Linken, zieht mit der Rechten das Waidmesser und stößt es mit sicherer Hand hinter das Blatt der Sau, die wie vom Blitz getroffen zusammenbricht. Mit wütendem Gezerre kühlen die Hunde ihre Wut an der verendeten Bassen; tot, tot! ruft ihnen der Rüdemann zu, da lassen sie ab, werden aufgekoppelt, und weiter geht die Hatz. Dort unten ist der übrige Teil der Meute an der Arbeit. Hechelnd und Hals gebend durchstöbern die Hunde die Dickung, die roten Zungen leuchten noch roter als die roten Mehlfäschen und Hagebutten über ihnen, die Augen glänzen noch mehr als die blauglänzenden Schlehen um sie. Durch des Schwarzdorns stachelbewehrte Mauern fahren sie, hier ein schwarzer, struppiger Kobold, da ein schwarzweißer Terrier, dessen Preußenfarbe den roten Streifen bekam vom Schweiß der Sau. Nun hat er die Reichsfarben. Jetzt fährt der scharfe kleine Kerl mit Todesverachtung in das Gestrüpp, fährt zurück, heult vor Wut, faßt wieder zu, wird wieder abgeschlagen; jetzt bekommt er Hilfe, Hu Su, wahr too, min Hund! ertönt es, drei Rüden decken

den Keiler, der Rüdemann springt zu, schlägt das rechte Bein über den Keiler und gibt ihm den Fang. Daß die Hose dabei einen langen Ratsch kriegt, das schadet nichts. Ein Signal ertönt. Langsam treiben! befiehlt es. Da können wir etwas verschnaufen. Das war eine wilde Jagd durch Stangenorte und Dickungen. Der Rüdemann setzt das Rüdehorn an den Mund. Seltsam klingt das uralte Signal: Meute zurück! Von allen Seiten rüden die Hundeführer an und koppeln die Hunde auf und weiter geht's. Da stürzt ein Förster heran: Ein starker Keiler hat sich hier eingeschoben! Schnell dahin, Hunde los. Das war leichte Arbeit, der Keiler war sehr krank. Weiter geht die Suche. Ein neues Signal. Aufmunterung im Treiben! Wieder geht's los im Sturmschritt, daß die dürren Stengel der Weidenröschen knacken, daß die silberne Samenwolle nur so stäubt. Unter uns die Schüsse, hinter uns das Hu Su und Horüdho, vor uns das Geläute der gelösten Hunde, über uns das Pfeifen des Sturmes. Immer weiter, durch schnellende Weißdornzweige, die uns Runen in die Backen ritzen und Schrammen in die Hände, durch den Bergbach, daß Wasser und Schlamm spritzen, in den hohen Ort hinein, Rüdemänner, Jäger, Hundeführer, Meute. Da schlägt einer über das Stuken, hier springt einer in den Pump bis an die Knie; weiter, weiter, alle wollen sie sein, wo zwei Rüden ein hauendes Schwein stellen. Gellend erklingen die Kehltöne des Hu Su und Horüdho, halb vom Sturm verschlungen, daß man nur das hohle uuu und das schrille rüüdho hört aus dem Gebrause der Äste, dem Stampfen der langen Stiefel, dem Brechen des Fallholzes, dem Hals

Da vor uns bricht es in der Dickung. Hunde los! ruft der Rüdeman, und Hu Su mit gellendem, langgezogenem Kehlton, wahr too, min Hund, wahr too! Das lassen sich die scharfen Hunde nicht zweimal sagen. Wie ein Donnerwetter fegen sie dahin über Stock und Stein, durch Braken und Dornen, dass das Fallaub fliegt unter ihren Läufen. Drüben an der Lehne flüchten die Sauen, schwarze Klumpen in dem roten Fallaub. Ein kurzer Knall, ein blaues Wölkchen, und im Knall zeichnet eine, rollt zu Tal, dass ganze Laublawinen mitgehen. Aber diese, die zeichnet und stürmt weiter. Doch bei jeder Flucht wird sie kürzer, und jetzt schiebt sie sich hinter der Fahrstraße ein. Hu Su, wahr too, min Hund, wahr too! erklingt es. Der Keiler wird wieder hoch, schlägt zwei Hunde ab, und flüchtet weiter. Schaum am Gebräch, hinter sich die Hunde. Der Rüdemann befiehlt: Mehr Hunde los! Noch zwei fahren auf den Grimmen Bassen los, und noch einer und noch einer. Sie umkreisen mit giftigem Hals den Keiler. Der schiebt sich an einem Stuken ein und weist den Hunden das leuchtende Gewaff, sein wütendes Ruff Ruff schnaubend.

Immer wieder gehen die Hunde zum Angriff über mit wütendem Hals, immer wieder fährt der Kopf des Keilers von rechts nach links, jedesmal überpoltert sich dann ein Hund, heult vor Gift und fährt wieder zu. Jetzt benutzt der eine rote Hund den Augenblick, da der Keiler nach seinem Koppelgenossen schlägt, er hängt am Gehör des Keilers, jetzt auch der andere, nun alle vier, und da springt auch schon der Rüdemann zu, fasst des Keilers Hinterlauf mit der Linken, zieht mit der Rechten das Waidmesser und stößt es mit sicherer Hand hinter das Blatt der Sau, die wie vom Blitz getroffen zusammenbricht. Mit wütendem Gezerre kühlen die Hunde ihre Wut an dem verendeten Bassen; tot, tot! ruft ihnen der Rüdemann zu, da lassen sie ab, werden aufgekoppelt, und weiter geht die Hatz. Dort unten ist der übrige Teil der Meute an der Arbeit. Hechelnd und Hals gebend durchstöbern die Hunde die Dickung, die roten Zungen leuchten noch roter als die roten Mehlfässchen und Hagebutten über ihnen, die Augen glänzen noch mehr als die blauglänzenden Schlehen um sie. Durch des Schwarzdorns stachelbewehrte Mauern fahren sie, hier ein schwarzer, struppiger Kobold, da ein schwarzweißer Terrier, dessen Preußenfarbe den roten Streifen bekam vom Schweiß der Sau.

Nun hat er die Reichsfarben. Jetzt fährt der scharfe kleine Kerl mit Todesverachtung in das Gestrüpp, fährt zurück, heult vor Wut, fasst wieder zu, wird wieder abgeschlagen; jetzt bekommt er Hilfe, Hu Su, wahr too, min Hund! ertönt es, drei Rüden decken den Keiler, der Rüdemann springt zu, schlägt das rechte Bein über den Keiler und gibt ihm den Fang. Dass die Hose dabei einen langen Ratsch kriegt, das schadet nichts. Ein Signal ertönt. Langsam treiben! befiehlt es. Da können wir etwas verschnaufen. Das war eine wilde Jagd durch Stangenorte und Dickungen. Der Rüdemann setzt das Rüdehorn an den Mund. Seltsam klingt das uralte Signal: Meute zurück! Von allen Sei-

---

> der Hunde. Hier, rechts, da ist er. Die kleinen Lichter glühen, die weißen Haderer blinken, drohend klingt das Blasen, giftig das Wetzen, jeder Schlag wirft einen Hund in das Laub. Aber alle richten sich wieder auf und fallen den Keiler von neuem an. Jetzt decken sie ihn, und da ist auch schon der Rüdemann, die Wehr blißt in seiner Faust, fährt zwischen die Hunde und kommt rot in die Scheide zurück. Jagd aus, Hahn in Ruh! schmettert vom Kaiserstand das Horn. Rechts und links wiederholt sich der Waldhornruf, und der Widerhall wirft ihn doppelt zurück aus dem Tale. Meute zurück! und Sammeln der Jäger! blasen die Hörner. Die Jagdgesellschaft besteigt die Jagdwagen. Wir warten, bis die Rüdemänner kommen. Sie blasen die Meute zurück, es fehlen noch einige Rüden. Endlich kommen die Rüdemänner, mit erhißten Gesichtern, zerrissenen Händen, roten Schweiß am grünen Rock. Und nun geht's bergauf, bergab, so schnell die Pferde können, zum Hallerbruch, vorbei am Kaiserzelte, dessen bunte Standarte im Winde weht.
> Eine Pause zum Verschnaufen gibt es kaum. Hastig wird ein Stück Wurst hinabgedrückt, ein Schluck hinuntergespült, einige Züge aus der Zigarre machen den Schluß, und schon meldet das Horn, daß die Arbeit für die Meute wieder beginnt. Vorläufig geht's noch langsam, die Hundenasen in den Kniekehlen, durch das Holz. Aber schon zeigen sich Sauen, eine ganze Rotte stürmt dahin. Hunde loskoppeln, ruft es laut, Hu Su und Horüdho, und da jagt schon die Meute an den Sauen. Standort da links. Schnell dahin. Drei Hunde ziehen die Sau nieder. Schon sitzt ihr die Wehr hinter

> dem Blatt. Und hundert Gänge davon decken die Hunde wieder eine Sau, und wieder gibt es Arbeit für die Wehr. Der Sturm prügelt den Wald. Fallholz regnet, Fallaub tanzt in Kringeln. Das paßt zu dem Knall der Büchsen, zu dem wilden Anjuchen, zu dem tollen Sätzen der Rüdemänner. Da unten soll neue Arbeit sein. Aber wo ist die Meute? Die Rüdemänner setzen die Hörner an die bärtigen Lippen und rüden die Hunde an, laut klingt ihr daher, daher! und jetzt stürmen die Hundeführer mit ihren Koppeln heran. Denn hat sich wieder eine Sau eingeschoben in den Dornbusch. Im Umsehen ist sie gedeckt und abgefangen. Wieder blasen die Hörner die Jagd ab. Zum Kaiserstand geht's. Da hat sich eine Sau in den Bach eingeschoben und schlägt die Hunde ab, daß es nur so dampft und spritzt. Das steile, schlüpfrige Bachufer steigt der Kaiser hinab. Die Feder ist hier schlecht anzuwenden, so macht der Kaiser die Wehr blank und gibt dem Keiler den Fang. Die Jagdgesellschaft besteigt die Wagen, wir aber ziehn mit der Meute durch den dämmernden Wald, durch diesen Wald, der so oft widerhallt hat vom Rüden der Hörner, vom Hals der Meute, vom Knall der Büchsen und in dem es still und stumm sein wird davon, bis das Jahr sich zweimal gewendet hat. Und sollte ich dann wieder im Saupark sein, so werde ich beide Tage mit der Meute gehen, meine Augen erfreund an dem wilden Bild und meine Ohren an den wilden Tönen, die an längstverwehte Zeiten erinnern, an Tage, als nur mit Meute und Feder gejagt wurde auf das ritterliche Schwarzwild.

ten rücken die Hundeführer an und koppeln die Hunde auf und weiter geht's. Da stürzt ein Förster heran: Ein starker Keiler hat sich hier oben eingeschoben. Schnell dahin, Hunde los. Das war leichte Arbeit, der Keiler war sehr krank. Weiter geht die Suche.

Ein neues Signal. Aufmunterung im Treiben. Wieder geht's los im Sturmschritt, dass die dürren Stengel der Weidenröschen knacken, dass die silberne Samenwolle nur so stäubt. Unter uns die Schüsse, hinter uns das Hu Su und Horüdho, vor uns das Geläute der gelösten Hunde, über uns das Pfeifen des Sturmes. Immer weiter, durch schnellende Weißdornzweige, die uns Runen in die Backen ritzen und Schrammen in die Hände, durch den Bergbach, dass Wasser und Schlamm spritzen, in den hohen Ort hinein, Rüdemänner, Jäger, Hundeführer, Meute. Da schlägt einer über den Stuken, hier springt einer in den Pump bis an die Knie; weiter, weiter, alle wollen da sein, wo zwei Rüden ein hauendes Schwein stellen. Gellend erklingen die Kehltöne des Hu Su und Horüdho, halb vom Sturm verschlungen, dass man nur das hohle uuu und das schrille rüüdho hört aus dem Gebrause der Äste, dem Stampfen der langen Stiefel, dem Brechen des Fallholzes, dem Hals der Hunde. Hier, rechts, da ist er. Die kleinen Lichter glühen, die weißen Haderer blinken, drohend klingt das Blasen, giftig das Wetzen, jeder Schlag wirft einen Hund in das Laub. Aber alle richten sich wieder auf und fallen den Keiler von neuem an. Jetzt decken sie ihn, und da ist auch schon der Rüdemann, die Wehr blitzt in seiner Faust, fährt zwischen die Hunde und kommt rot in die Scheide zurück. Jagd aus, Hahn in Ruh! schmettert vom Kaiserstand das Horn. Rechts und links wiederholt sich der Waldhornruf, und der Widerhall wirft ihn doppelt zurück aus dem Tale.

Meute zurück! und Sammeln der Jäger! blasen die Hörner. Die Jagdgesellschaft besteigt die Jagdwagen. Wir warten, bis die Rüdemänner kommen. Sie blasen die Meute zurück, es fehlen noch einige Rüden. Endlich kommen die Rüdemänner, mit erhitzten Gesichtern, zerrissenen Händen, roten Schweiß am grünen Rock. Und nun geht's bergauf, bergab, so schnell die Pferde können, zum Hallerbruch, vorbei am Kaiserzelt, dessen bunte Standarte im Winde weht.

Eine Pause zum Verschnaufen gibt es kaum. Hastig wird ein Stück Wurst hinabgedrückt, ein Schluck hinuntergespült, einige Züge aus der Zigarre machen den Schluss, und schon meldet sich das Horn, dass die Arbeit für die Meute wieder beginnt. Vorläufig geht's noch langsam, die Hundenasen in den Kniekehlen, durch das Holz. Aber schon zeigen sich Sauen, eine ganze Rotte stürmt dahin. Hunde loskoppeln, ruft es laut, Hu Su und Horüdho, und da jagt schon die Meute an den Sauen. Standort da links. Schnell dahin. Drei Hunde ziehen die Sau nieder. Schon sitzt ihr die Wehr hinter dem Blatt. Und hundert Gänge davon decken die Hunde wieder eine Sau, und wieder gibt es Arbeit für die Wehr. Der Sturm prügelt den Wald. Fallholz regnet, Fallaub tanzt in Kringeln. Das passt zu dem Knall der Büchsen, zu dem wilden Anjuchen, zu den tollen Sätzen der Rüdemänner. Da unten soll neue Arbeit sein. Aber wo ist die Meute? Die Rüdemänner setzen die Hörner an und die bärtigen Lippen rüden die Hunde an, laut klingt ihr daher, daher! und jetzt stürmen die Hundeführer mit ihren Koppeln heran. Denn hier hat sich wieder eine Sau eingeschoben in den Dornbusch. Im Umsehen ist die gedeckt und abgegangen. Wieder blasen die Hörner die Jagd ab. Zum Kaiserstand geht's. Da hat sich eine Sau in den Bach eingeschoben und schlägt die Hunde ab, dass es nur so dampft und spritzt. Das steile, schlüpfrige Bachufer steigt der Kaiser hinab. Die Feder ist hier schlecht anzuwenden, so macht der Kaiser die Wehr blank und gibt dem Keiler den Fang. Die Jagdgesellschaft besteigt den Wagen, wir aber ziehen mit der Meute durch den dämmernden Wald, der sooft widerhallt hat vom Rüden der Hörner, vom Hals der Meute, vom Knall der Büchsen und in dem es still und stumm sein wird davon, bis das Jahr sich zweimal gewendet hat.

Und sollte ich dann wieder im Saupark sein, so werde ich beide Tage mit der Meute gehen, meine Augen erfreuend an dem wilden Bild und meine Ohren an den wilden Tönen, die an längstverwehte Zeiten erinnern, an Tage, als nur mit Meute und Feder gejagt wurde auf das ritterliche Schwarzwild. ⟪

P. Jacobs:
„Die jährlichen Hofjagden"
Beschreibung des Hofjagdgeheges Saupark bei Springe,
unveröffentlichtes Manuskript, 1888

⟫   … Die hohen und höchsten Herrschaften treffen am Vorabend der Jagd im Jagdschloss mittels Extrazuges von Berlin ein …
Bei Anbruch des Jagdtages wird von einigen Jägern an den vier Ecken des Schlosses „zum Wecken" geblasen. Zur befohlenen Zeit brechen die Herrschaften zu Wagen vom Jagdschloss auf, um sich nach dem Jagen zu begeben. Dort hat die Jägerei Aufstellung genommen, um Sr. Majestät den Kaiser bei dessen Eintreffen auf ein Zeichen des Hofjägermeisters „Fürstengruß" geblasen wird, zu erwarten. Während die Herrschaften aussteigen, um die durch das Los bestimmten Plätze einzunehmen, begibt sich die Jägerei auf ihre Posten. Die Treiberwehr ist aufgestellt parallel

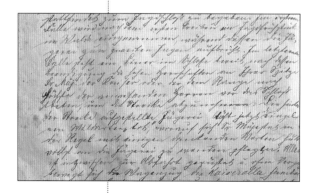

Originalseite aus
dem Tagebuch
P. Jacobs

44

zur Mauer. Der Hofjägermeister begleitet von einem Waldbläser, erwartet als Leiter der Jagd, sofern Fürst Pless Durchlaucht, nicht anwesend ist, den Befehl Sr. Majestät zum Anblasen derselben. In diesem Augenblick erschallt das Signal und wird sofort von der anwesenden Jägerei wiederholt. Der Rüdemann löst einige Hunde, die sg. Finder, welche ermuntert durch das Halloh, goh to, min Hund, derselben sofort eifrig zu suchen beginnen u. auch bald die bereits im Jagen befindlichen Sauen aufstöbern …

Im Verlauf von etwa ³/₄ Stunden ist alles Wild, welches zum Abschuss kommen sollte zur Strecke gebracht u. auf ein gegebenes Zeichen wird „Jagd vorbei" geblasen. Dann wird vor den einzelnen Ständen Strecke

Durch die Schützen.
Nach einem Gemälde von
Christian Kröner (1838 bis 1911).
Archiv Erhard Brütt

gemacht u. auf das Signal „Equipagen Ruf" besteigen die hohen Jagdgäste die bereitstehenden Wagen um sich entweder zu einem 2. Jagen oder wenn nur eins stattfindet zum Jagdschloss zu begeben … Im letzteren Falle steht ein Diner im Schlosse bereit, nach dessen Beendigung die hohen Herrschaften an Ihrer Spitze Sr. Maj. der Kaiser oder der dem Rang nach Höchste der anwesenden Herren vor das Schloss treten, um die Strecke abzunehmen. Die hinter der Strecke aufgestellte Jägerei bläst jetzt die einzelnen Wildarten „tot", worauf sich Sr. Majestät in der Regel mit einigen dankenden Worten huldvollst an die Jägerei zu wenden pflegten. Alles ist inzwischen zur Abfahrt gerüstet u. ohne Verzug bewegt sich der Wagenzug die Kaiserallee hinunter, an deren Ende der Extrazug bereits wartet, welcher die hohen Herrschaften zurück nach Berlin bringen soll … «

*Die Hofjagd-
reviere,
Stich nach
Corneli: Die Jagd
und ihre Wand-
lungen, 1884
S. 176*

*In der Bildmitte von links.: Wilhelm, Prinz von Preußen. Rudolf, Kronprinz von Österreich.
Wilhelm I, Kaiser von Deutschland. Fürst Pleß, Sr. Maj. des Kaisers Oberjägermeister. Friedrich Karl,
Prinz von Preußen. August, Prinz von Würtemberg.*

Kaiserliche Hofjagd beim Jagdschloss Göhrde, Wilhelm II. im Gespräch mit Heinr. Frhr. von Heintze, während ein Forstschüler mit dem Fürst-Pless-Horn Anweisungen weitergibt.
Archiv Nds. Forstamt Göhrde

Die hannoverschen Jagdsignale waren wegen ihrer gewundenen Laute sehr schwer zu blasen. Auf den letzten Hofjagden sollen überhaupt nur noch die Revierförster Jacobs sowie Eilers sen. und jun. sie zu blasen verstanden haben. Deshalb wurden diese drei Forstbeamten auch zur Teilnahme an den Hofjagden nach der Göhrde und nach Letzlingen beordert, wie Jacobs Sohn, auch Revierförster, zu berichten weiß.

Im Besitz des Niedersächsischen Landesmuseums Hannover befindet sich ein Hannoversches Jagdhorn, welches früher dem Revierförster W. Kaiser aus Adelebsen gehörte. Es besteht aus Kupfer; Rand und Mundstück sind aus Messing. Gefertigt wurde es in Hannover von der Firma „Zetsche".

Wie man den besonderen Klang der hannoverschen Hörner erzeugte, zitiert Pompecki[1]) in seiner „Jagd- und Waldhornschule" aus Eben, Deutsches Jagdbuch:

» Alt=Hannöversche Jagdsignale. Bezüglich dieser Jagdsignale darf nicht unerwähnt bleiben, dass dieselben außerordentlich hübsch klingen. Sie eignen sich besonders überall da, wo noch mit der Findermeute auf Sauen gejagt wird. Es erfordert große Übung, dieselben gut zu blasen. Man bedient sich zu dem Zwecke eines Mundstücks, welches einen ganz flachen Kessel und eine kleinere Öffnung hat, als die sonst gebräuchlichen. Die Töne werden nicht abgestoßen geblasen, sondern miteinander verbunden. Man erreicht dies am besten dadurch, dass man nicht in das Horn hineinstößt, sondern mehr pustet, leise anfängt, allmählich stärker wird und dann wieder leise aufhört. Das Horn wird scharf an die Lippen angesetzt, dann wieder weiter abgeführt, so dass die Lippen nur lose am Mundstück anliegen, und diese Bewegung lebhaft wiederholt, wodurch das eigentümliche Schleifen entsteht. «

Solche Tonproduktion muss in der Tat in sehr scharfem Kontrast zu der militärisch exakt abgetzten, preußischen Blasweise der Fürst-Pless-Hörner gestanden haben!

Frhr. von Heintze, Oberjägermeister Sr. Majestät des Kaiseres, Chef des Königl. Hofjagdamtes nach v. Pless.

[1]) Bernhard Pompecki, Jagd-und Waldhornschule, 2. Aufl. 1926, Verl. Neumann-Neudamm, S. 141/142

J. E. Ridinger:
„Wie die Jagd angeblasen wird",
Kupferstich, 1729

UWE BARTELS

Flügelhörner –
Vorbilder des
Fürst-Pless-Horns

V on allen Ruf- und Signalhörnern, die sich an ihren angestammten Plätzen – im Jagdbetrieb oder beim Militär – bewährt haben, tritt ein Modell ganz besonders hervor. Es konnte Jahrhunderte überdauern und sich bis in unsere Zeit halten, obgleich seine volumige Formgebung nicht besonders geländefreundlich ist: das „Flügelhorn" in der Gestalt des Halbmonds.

Seine guten Klangeigenschaften sind vorbildhaft geblieben selbst für moderne Konzerthörner, auch das Fürst-Pless-Horn hat sich ihrer bedient.

Mit dem Instrument ist eine Tradition verbunden, die hier mit einigen Wort- und Bilddokumenten gewürdigt werden soll:

Richard Schneider
„Flügelhorn oder Halbmond[1])

» Sieht man einmal von den frühgeschichtlichen Bronze-Luren ab, so gibt es in Mitteleuropa erst seit dem 16. Jahrhundert Jagdhörner aus Metall: Das meist kupferne Flügelhorn kommt dabei in seiner Form dem Tierhorn am nächsten. Besonders im 18. Jahrhundert wurde das Flügelhorn bei großen Treibjagden auf den jeweiligen Flügeln des Treibens geblasen, da sein durchdringender Ton sehr weit zu hören war. Auf einem Kupferstich von Johann Elias Ridinger aus dem Jahre 1729 zum Thema „WIE DIE JAGD ANGEBLASEN WIRD", sieht man an der Spitze der Jägerei einen Jäger mit einem solchen Flügelhorn.

Es muss zur damaligen Zeit häufig im Gebrauch gewesen sein, denn auch mehrere Kupferstiche bei von Flemming zeigen Berufsjäger, die das Flügelhorn blasen. In seinem Jagdbuch „DER VOLLKOMMENE TEUTSCHE JÄGER", 1724 schrieb Friedrich von Flemming vom Flügelhorn folgendes: *„Die allhier in Sachsen gebräuchlichen alten teutschen löblichen Flügel-Hörner sind gleichfalls unterschiedlich. Der Chef oder Commandeur von der Jagd hat gemeiniglich ein gantz silbernes inwendig verguldetes Flügel-Horn, daran ein grün Seiden mit Gold gewürcktes Band zum anhängen gemacht wird. Hingegen haben die Ober-Forst- und Wildmeister mehrentheils entweder etwas versilberte oder schlichte messingene Flügel-Hörner, wie die andern Jagd-Junker, und sämtliche Hof-Jägerey."*

Interessant ist auch die Mitteilung des Grafen A.W. von Mellin, der in seinem Buch „VERSUCH EINER ANWEISUNG ZUR ANLEGUNG, VERBESSERUNG UND NUTZUNG DER WILDBAHNEN …" 1779, über dieses spezielle Jagdhorn ausführt:

„Mit Flügelhörnern rufet man die Hunde zur Koppel, wenn man mit Ihnen zur Jagd reitet oder gehet, wird ihnen geblasen, ingleichen wenn sie loßgekoppelt werden, wenn sie suchen, und wenn sie jagen. Wird der Jäger das gejagte Wild ansichtig, wird geblasen, und wird es todtge-

schossen, wird der Tod geblasen. Ingleichen werden die Hunde nach voll-
endeter Jagd mit dem Ruf zur Koppel geblasen, und wenn ihnen der
Genuß gegeben wird, bläset man ebenfalls, so wie auch noch zuletzt,
wenn man nach Hause reitet. Dieses Blasen wird abgewechselt, daß eine
jede Begebenheit im Jagen seinen Ton hat, gleich als wie die Trompeter
in ihren Feldstücken, zu jeder Bewegung des Regiments einen eigenen
Ton haben. Dieserwegen muß der Jäger solche zur Jagd gehörigen Töne
sich vorsingen oder vorblasen lassen, und denn auf dem Horn sich üben,
es ebenfalls zu blasen."

Der preußische Oberforstmeister zu Königsberg, Friedrich Ernst
Jester schrieb in seinem Buch „ÜBER DIE KLEINE JAGD", 1793 bis 1806,
zum Blasen der Signale:

„Am schönsten ist dazu unstreitig der alte halbe Mond, welcher aber
wegen der Unbequemlichkeit beim Tragen jetzt ganz aus der Mode
gekommen ist."

Und Jester hatte in der Tat recht, denn im 19. Jahrhundert wurde das
Flügelhorn mehr und mehr durch kleinere Jagdhörner verdrängt.
Doch noch George Franz Dietrich aus dem Winckell teilt in seinem
„HANDBUCH FÜR JÄGER ..." 1820, begeistert mit:

„Die Flügelhörner sind das beste und fast einzige Signalement, wodurch
man in den Stand gesetzt wird, in der Entfernung den Gang der Treiben
zu beurtheilen, da Geschrei oder anderes Getöse nicht geduldet werden
darf."

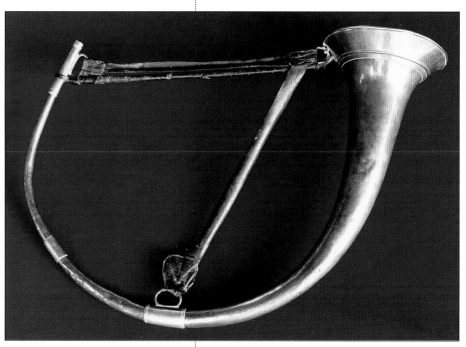

Halbmond aus dem 18. Jahrhundert.
Foto R. Schneider

guten Hirsche und starken Schweine neben den anderen Stücken an schlechten Hirschen und Sauen dem Jagen das Ansehen machen müssen. Ferner wird also vorgeschritten: man macht die angrenzenden Feldhölzer oder kleinen Wälder rege, treibt sie auch wohl ab; worauf dann um den Wald die Zeuge gestellt und gleich auf zwei Flügeln ausgebunden werden. Ist nun der Wald genau auf einem Risse vorhanden, oder doch abgeschritten, so kann an zwei Orten aus einander gebunden, also ein Ganzes von 4 Flügeln zugleich gestellt werden. Gut ist es, wenn die hohen Zeuge zusammenlangen; wo sie aber nicht zureichen, gebraucht man die Lappen und verlappt den Ort vollends. Des Nachts müssen bei den Lappen Feuer angemacht und diese von fleißigen Wachen besetzt sein; desgleichen auch die Tücher dann sorgfältig nachgesehen werden, bei denen es keiner Feuer bedarf; doch sollen da wo die Landstraßen durchgehen, Wachen hingelegt sein, um die Reisenden durchzulassen. Diese Wachen nun müssen an den Zeugen herum nachsehen, ob sie auch noch feststehen, bei Regenwetter auch die Ober- und Windleinen nachlassen, weil diese sonst gar

Wildtreiben

Jägerei förmlich eingeteilt; es bekommt ein jeder seine Nummer, die seine Verrichtung bestimmt. Den rechten Flügel führt der Anordner der Jagd, der nächste nach ihm im Range den linken. Die erste Nacht, wenn das Jagen nicht im ganzen, sondern noch mit in den Lappen steht, bleibt die Jägerei nebst den Jagd- oder Treibleuten bei den Lappen und dem Zeuge. Des andern Tages früh wird mit einem Jagdhorne der Ruf geblasen, auf den die Jägerei mit ihren Leuten sich versammelt. Hier empfängt selbige den Befehl, wo das erste Treiben angelegt werden soll. Dies geht natürlich von den Lappen an, wie denn überhaupt die ersten Treiben groß genommen werden sollen. Die Jäger teilen sich nach ihren Nummern zwischen den Treibleuten ein. Auf jedem Flügel wie in der Mitte ist ein Jäger mit dem Flügelhorne, am letzten sind auch wohl zwei, je nachdem das Treiben groß ist, damit sie einander vollkommen hören können; wo denn in der Regel der Oberjäger, Hofjäger oder wie der Titel ist, d. h. der erste im Rang, den rechten, der zweite den linken Flügel und der dritte die Mitte führt. Wenn das Treiben angehen soll, so bläst der auf dem rechten Flügel das Treiben an; der auf dem linken folgt sogleich, auch der in der Mitte. Dann geht das Treiben vor sich, und es wird danach gesehen, daß die Leute gerade durchgehn, nicht auf einen Haufen laufen und sich nicht neben den anderen

Dickichten herumziehen; denn gerade dort ist das Durchgehen am nötigsten. Bricht nun etwas los, begehrt auch wohl gar durch die Leute zu fliehen, so wird gleich Halt gemacht, die Leute werden nebeneinander gestellt, bis das Wild vor den Leuten gewichen ist, und dann erst geht das Treiben weiter fort. Kommt man auf einen Weg oder Stellflügel, so werden die Leute angehalten, damit sie wieder gerade Richtung gewinnen. Auf dem Stellwege, auf dem wieder durchgestellt werden soll, wird Halt gemacht, wo dann vom rechten Flügel hinunter ein Jäger dem andern zuruft: „Was zurück ho?" bis zum linken Flügel. Ist nun nichts zurück, dann wird zurückgerufen: „Nichts zurück, ho!" Hierauf folgt der Befehlruf: „Stell her, stell her!" worauf möglichst rasch auf dem Stellwege hergestellt wird. Sind Lappen vorrätig, so wird gleich verlappt. Die Treibleute bleiben außer dem Jagen an den Lappen stehen. Wären aber noch keine Tücher losgetrieben, so wird doppelt verlappt; worauf dann die Leute zum Treiben wieder in Ordnung an den Lappen gestellt, und wieder zum anderen Treiben so geordnet werden, wie es beim ersten

den Tüchern gekommen ist. Nach diesem werden die äußersten Treiben vorgenommen. Wenn man nun die äußersten Treiben abgetrieben hat, soll nachher nach den Dickichten zu gerichtet werden; man nimmt dabei die hellen Holzungen zuerst, damit sich das Wildbret in die Waldungen zurückziehe. Ist das meiste vom Wald abgetrieben und steht schon ziemlich enge in den Tüchern, so untersucht man den für den Lauf am besten geeigneten Platz.

Steht nun das Jagen im ganzen oder in den Tüchern, so brauchen die Jäger und Jagdleute nicht mehr alle des Nachts bei dem Jagen zu bleiben, sondern nur etliche Jäger mit den Jagdleuten, die außerhalb des Zeuges um das Jagen herum Feuer machen, dabei wachsam sein, und die Zeuge die Nacht hindurch mehrmals besichtigen müssen, wobei sie sowohl als auch die Tagwächter allemal Hebegabeln, Heftel und Windleinen bei sich haben müssen, um, wenn irgend etwas fehlt oder wohl gar ein Tuch umfallen, eine Ober- oder Windleine reißen wollte, oder etwa Heftel herausspringen, solchem Übelstande gleich abzuhelfen. Die anderen Jäger und Jagdleute, welche in den benachbarten Dörfern einquartiert liegen, müssen jeden Morgen, sobald der Ruf geblasen wird, sich am bestimmten Orte (der abends vorher angezeigt wird) wieder einfinden. Ist nun die Mannschaft wieder zusammen, so wird das Treiben weiter fortgesetzt.

183

Nicht nur bei Streifen wurden Flügelhörner bevorzugt verwendet. Bei Corneli [2])
erfahren wir, dass auch die „eingestellten Jagen" Flügelhörner einsetzten.

Schließlich sei noch der Jagdklassiker Georg Ludwig Hartig zitiert, der im Jahre 1836 folgendes formulierte:

„Das Flügelhorn oder der Halbmond, wird bei Streifjagden gebraucht. Es ist halbmondförmig, und entweder von Messing oder von Kupfer. Letztere haben einen dumpfen melancholischen Ton."

Der Halbmond ist allerdings nie ganz in Vergessenheit geraten und wird noch in der Gegenwart besonders von den Sauerländer Brackenjägern für stimmungsvolle Hornrufe benutzt. Diese Tradition wurde in unserer Zeit auch gefördert durch Persönlichkeiten, wie beispielsweise Prof. Dr. Lutz Heck, der bei der Brackenjagd den Halbmond mitführte und blies. Auch auf den großen repräsentativen Staatsjagden wie Rominten, oder Schorfheide wurde noch vor 60 Jahren bei offiziellen Anlässen auf kupfernen Halbmonden die Strecke verblasen. Oberforstmeister Walter Frevert schilderte das in seinem Buch „ROMINTEN" sehr beeindruckend:

„Abends bei Dunkelheit wurde die Strecke, die von vier in eisernen Körben hochlodernden Kienfeuern beleuchtet wurde, durch die Forstbeamten auf großen kupfernen Halbmonden feierlich verblasen. Dem außerordentlichen Eindruck, den dieses nächtliche Verblasen der kapitalen Hirsche machte, deren weißen Endspitzen im rötlichen Feuerschein leuchteten, konnte sich so leicht niemand entziehen. Der Platz, auf dem die Hirsche gestreckt wurden, lag oben auf dem Steilufer der Rominte, unter lichtstehenden alten, hohen Kiefern. Unten leuchtete im Mondlicht das glitzernde Band der Rominte, die sich durch die im weißen Abendnebel liegenden Wiesen schlängelte, – auf der anderen Seite des Tales stand schwarz und dunkel die aufsteigende Wand des Fichtenaltholzes, und ein doppeltes Echo hallte nach jedem Hornsignal aus dem Rominte-Tal zurück. „Hirschtot" – „Jagd vorbei" – „Hallali" – wie herrlich klangen die schönen Signale durch die Einsamkeit und Stille des nächtlichen Waldes, und wie oft antwortete in der Ferne von den Romintewiesen herauf der brunftige Schrei des Hochgeweihten den Horntönen, oft desselben Geweihten, dem zu Ehren schon am nächsten Abend die Hörner das „Hirschtot" bliesen!" «

Aus Ludwig Degele,
„Die Militärmusik 1937", S.49

[1]) aus „Die Pirsch" 3/97 mit freundlicher Genehmigung des BLV-Verlags
[2]) R. Corneli: Die Jagd und ihre Wandlungen a.a.O, S. 83

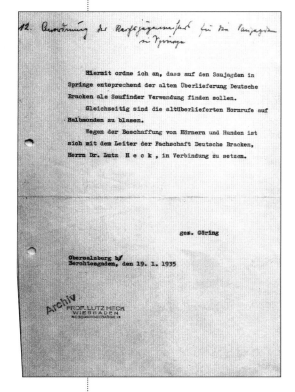

Forstbeamte mit Halbmonden,
Rominten, um 1937.
Im „Dritten. Reich", wo besonderer
Wert auf die Wiederbelebung alter
Bräuche gelegt wurde, gab es auch eine
Renaissance für den Halbmond beim
jagdlichen Blasen.
Quelle: Frevert, Walter: „Rominten",
Kunstdruck Zw. S. 96 und 97,
BLV 1957

Anordnung des Reichsjägermeisters
Hermann Göring vom 19. 1. 1935
zum Blasen von Halbmonden.
Quelle: Nds. Forstamt Saupark

UWE BARTELS

Ferdinand von Raesfeld

Begründer und Leiter
forstlicher Bläsercorps

„Das Deutsche Weidwerk",
Buchdeckel-Prägung
1. Auflage, Paul Parey, Berlin, 1914
Foto: E. Brütt

F ür „Das Deutsche Waidwerk" [1]) hat Dr. Müller-Using im Vorwort ein Lebensbild Ferdinand von Raesfelds entworfen.

Darin erfahren wir, dass das Schaffen des Forstmanns und Jagdautors noch weit reichhaltiger ist, als es das literarische Werk erahnen läßt.

So war von Raesfeld, ähnlich wie auch Fürst von Pless vor allem darum bemüht, den Kenntnisstand seiner Zeit, wissenschaftlich und praktisch, zum Nutzen der Natur und der Jagd umzusetzen. Ihn interessierte stets die Gesamtsicht von bewirtschafteter und freier Natur und deren fortschrittliche Behandlung.

Zum Jagdhorn hatte er eine romantisch-emotionale Beziehung. Im Bericht über eine Eifelreise schreibt er: „Dort hörte ich plötzlich die jubelnden Fanfaren des ‚Hirsch tot' über Täler und Höhen. Dieses Erlebnis war für mich, in Verbindung mit der Neigung zu Wild und Wald, bestimmend für die Wahl des Forstberufs."

Schon während seiner Ausbildung im Forstberuf lernte er die Hofjagden mit den eingestellten Treiben kennen. Er stand dieser Jagdbetriebsart sehr kritisch gegenüber.

Bei solcher Gelegenheit begegnete er Fürst von Pless und fiel der Jagdleitung durch das Vorführen einer guten Bläsergruppe auf.

Als späterer Lehrer an der Forstschule Großschönebeck in der Schorfheide schuf v. Raesfeld Grundlagen für die Verbreitung des Jagdhornblasens im preußischen Forstdienst."

Dazu schreibt Müller-Using: [2])

» Als großer Freund des Jagdhorns schuf Ferdinand von Raesfeld damals das wohl erste Bläsercorps an einer preußischen Forstschule, das dann bei einer Hofjagd mit dem alten Kaiser Wilhelm I. und seinem Oberhofjägermeister, Fürst von Pless, (der kurz zuvor das praktische Plesshorn geschaffen hatte), so gut gefiel, dass er sich das Korps bald darauf zu einer anderen Hofjagd, im Berliner Grunewald, bestellte. Es scheint fast so, als ob der Hörnergruß erst durch die Initiative v. Raesfelds wieder zu einer ständigen Einrichtung geworden ist. «

[1]) Vergl. F. v. Raesfeld, Das Deutsche Waidwerk, 11. Auflage, Vorwort

[2]) Vergl. F. v. Raesfeld, a.a.O., S.9

Originalhorn des Jagdbuchautors
Fhr. Ferdinand von Raesfeld.
Dem Deutschen Jagd- und Fischerei-
museum München als SCHENKUNG
RAESFELD *übergeben. Inv. Nr. 3273*
Quelle: Bernd E. Ergert
Das Instrument trägt die Hersteller-
Signatur: „Franz Hirschberg, Königl.
Großherzogl. u. Fürstl. Hoflieferant.
Breslau I Weidenstr. 19"
Foto: Hans-Dieter Lucas

Ferdinand von Raesfeld
Ölgemälde von E. H. Stenglin
Archiv: Wild und Hund
Foto: Rolf Kröger

„Waldhornbläser bei der Ankunft
Kaiser Wilhelms II. zur Treibjagd"
Quelle: Fritz Skowronnek, Die Jagd,
S. 108, Velhagen & Klasing, Berlin
Foto: M. Ziesler, Berlin

Uwe Bartels

Der Fürst und sein Jagdhorn

W ie sich die deutsche Jagdmusik im 19. Jahrhundert mancherorts darstellte, als Fürst von Pless um ihre Verbesserung bemüht war, führt uns ein Bericht im „Waidmann" von 1875 vor Augen:

» Ueber Jagdsignale. – Wenn in Romanen und in den Werken unserer Dichter von Jagd die Rede ist, so geschieht fast überall des Waldhorns und der Musik Erwähnung und doch verschwindet heutzutage der Gebrauch der Waldhörner zum Signalisieren mehr und mehr, ja es ist zu befürchten, dass diese uralte Sitte allmählich ganz einschlafen wird.

Zu Anfang unseres Jahrhunderts bildete das Blasen des Horns noch das Kriterium des „hirschgerechten" Jägers und G.L. Hartig theilt uns in der Einleitung seines „Lehrbuchs für Jäger", Seite 21 den uralten Spruch mit, der bei der Ceremonie des Wehrhaftwerdens in Gebrauch war. In demselben heisst es:

Gürte Deine Lenden wie ein Mann,
der sein Horn recht blasen kann.

Heute dagegen dürfte die Anzahl derer, die noch im Stande sind, das Waldhorn zu blasen und ein Stück Wild waidgrecht aufzubrechen, eine äusserst geringe sein. Ich für mein Theil muss offen gestehen, dass, wenn ich die schönsten Stunden meines Lebens in mein Gedächtnis zurückrufe, es nur solche sind, wo ich über den Hirsch oder Rehbock gebeugt im Begriff war, denselben aufzubrechen (was ich grundsätzlich immer selbst thue), während die Hornmusik mein Ohr mit dem herrlichen Signale „Hirsch-Tod!", „Jäger-Ruf!" und „Jagd vorbei!" erfreute.

Wer den gewissermaßen berauschenden Eindruck der Waldhornmusik kennen lernen und bisher ungeahnter Genüsse bei der Pürsche auf Hochwild (von Niederwild spreche ich nicht) sich erfreuen will, dem rathe ich ein Waldhorn zu kaufen und sich im Blasen folgender Signale zu üben.[1] «

Es folgt im Bericht eine Zusammenstellung der um 1875 gebräuchlichen Signale, einige davon sind nicht in die gegenwärtige Praxis überkommen, z. B. diese:

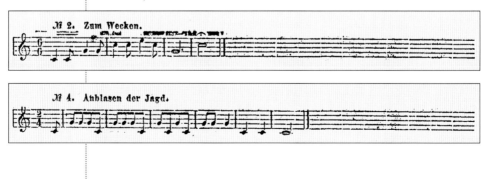

Als Hans-Heinrich XI. 1855, nach dem Tode seines Vaters, den Familienbesitz übernahm, hatte sich das Wild in Deutschland von seiner fast völligen Vernichtung nach der Revolution von 1848 noch nicht wieder erholt. Der Fürst wandte zur Hebung des Wildbestandes viel Energie und Kapital auf. Sein besonderes Augenmerk galt dabei einer vorbildlichen Organisation des Jagdbetriebs.

Dazu schreibt Wildmeister Benzel:

»„Er hatte bald erkannt, daß ein geordneter Jagdbetrieb ohne Jagdsignale nicht durchgeführt werden konnte. Nachdem Hifthorn und Parforcehorn längst in den deutschen Wäldern verklungen und fast schon vergessen waren, bemühte er sich ständig um die Wiedereinführung bzw. um die Erneuerung guter Jagdsignale und um die Beschaffung eines guten Jagdhorns. Das Parforcehorn mit seinem weichen, vollen Klang, das wohl für Reit- und Hetzjagden gut geeignet war, konnte hierfür nicht in Frage kommen, denn es war für die Jagden, die sich jetzt doch hauptsächlich zu Fuß abspielten, zu groß und zu unhandlich. Es mußte ein Horn verfügbar sein, das, ohne die Träger zu behindern, über Stock und Stein, durch Ried und Moor sowie durch Waldbestände jeder Art mitgeführt werden konnte. Nach Überprüfung verschiedener Hörner, die ihm aus dem Jagd- und Militärbetrieb bekannt waren, ließ er sich das auch heute noch am meisten gebrauchte zweiwindige, handliche Jagdhorn herstellen, das seinen Namen trägt.

Der Fürst war sehr musikalisch und verstand auch, das Waldhorn gut zu blasen. („Waldhorn" war die damalige Bezeichnung für Jagdhorn.) Dieses kam ihm bei der Wiedereinführung und der Erneuerung der Jagdsignale sehr zustatten. Hierbei ist ihm J. Rosner, der in Pleß eine Buchhandlung besaß und auch sehr musikbegabt war, zu Hilfe gekommen. Er soll die Noten für die Jagdsignale entworfen haben, und wenn sie den Gegebenheiten, die sie ausdrücken sollten, nicht entsprachen, sollen diese vom Fürsten entsprechend abgeändert wor-

„Jagd-Signale und Fanfaren" von J. Rosner, 10. Auflage, Pleß O/S. 1888, Verlag von A. Krummer

Signal „Auerochsentod" an dessen
Gestaltung der Fürst beteiligt war.
Aus „Jagd-Signale und Fanfaren"
von J.Rosner, 1888

den sein. 1878 wurde ein kleines Büchlein für Jagdsignale herausgegeben, das von Rosner zusammengestellt war und in Pleß verlegt wurde. Es enthielt alle für das heimische Wild heute noch gebräuchlichen Signale.

Gleich nach dem Krieg 1870/71 war die Plesser Jägerei mit Jagdhörnern ausgerüstet, und es wurde regelmäßig das Blasen von Jagdsignalen geübt. Manche Signale erfuhren noch Veränderungen. Besonders an dem damals neuen Signal „Wisent tot" soll viel herumgefeilt worden sein, ehe die letzten schweren Fluchten des totwunden Urwaldrecken deutlich zum Ausdruck kamen.

Für die Plesser Jägerei wurden im Sommer öfter Blasübungen veranstaltet, die mit Übungsschießen, auf Ringscheiben und bewegliche Wildscheiben, verbunden waren. Am 10. September, dem Geburtstag des „Alten Herzog", mußte dann das Können aller Forstbeamten sowohl im Blasen als auch im Schießen unter Beweis gestellt werden. Hierbei gab es sehr wertvolle Preise. Das wurde auch nach seinem im August 1907 erfolgten Tode so beibehalten. [2] «

Fürst von Pleß war, über die Pflege seines privaten Jagdbetriebs hinaus auch in seiner Eigenschaft als Verantwortlicher des Hofjagdamts daran interessiert, die bis dahin mit sehr unterschiedlichen Signalen und Instrumenten ausgestattete Jagdmusik zu vereinheitlichen.

Aus seinem militärischen Einflussbereich hatte er für die großen Hofjagden Dienstverpflichtete der Jägerbataillone zur Verfügung mit an Forstschulen und im Bataillon selbst ausgebildeten Bläsern. Daraus ergab sich der unmittelbare Berührungspunkt zwischen den militärischen und jagdlichen Ansprüchen an das Signalhornblasen mit neuen Erkenntnissen für den Signal- und Instrumentenbedarf.

Was sich bei der Infanterie längst erwiesen hatte – die Führungsfähigkeit weit auseinandergezogener und unter Sichtbehinderung arbeitender Großformationen durch Signalhörner – konnte den Verhältnissen

Kaiserliche Hofjagd in der Göhrde, die letzte, an der Oberstjägermeister von Pless, der „Alte Herzog", teilnahm. Links: Hof-Jägermeister Freiherr von. Heintze, der spätere Amtsnachfolger Hans-Heinrichs XI. von Pless, links neben Wilhelm II. Oberstjägermeister von Pless, vor der Kutsche: Erzherzog Franz-Ferdinand. Archiv: Nds. Forstamt, Göhrde

großräumiger Gesellschaftsjagden angepasst werden. Voraussetzung: Einheitlichkeit der Signalgeber, Einheitlichkeit und Verständlichkeit der Signale.

Eine Beschreibung des Aufwands an geschultem Personal, mit dem eine Jagd am Beginn der Amtszeit des Fürsten von Pless ausgestattet war, gibt die „Deutsche Jagdzeitung" vom Dezember 1873 über den ersten Tag der Hofjagden im Oderwald (Deutsche Jagdzeitung, 2. Jahrg., Nr. 3, Dez. 1873, S. 95):

„Hier angelangt, wurde der Jagdzug mit waidmännischem Gruß der versammelten Jäger empfangen. Die Leitung übernahm der Oberstjägermeister Fürst von Pless, welchem sowohl ein starkes Commando des 2. Schles. Jägerbataillons Nr. 6 als auch dem Landwehr-Verein zu Ohlau angehörige Mannschaften, etwa 400 an der Zahl – zur Verfügung standen."

Der Fürst war, wie es die ausgewerteten Quellen übereinstimmend bezeugen, gleichermaßen vertraut mit dem kleinen Signalhorn und der Musik auf dem großen Jagdhorn, dem Parforcehorn.

Das Hof-Jagdamt, dessen Übernahme durch Fürst von Pless noch im Jahr seiner Ernennung zum Oberstjägermeister 1873 erfolgte, hatte

*Jagdzeitung 28. Februar 1878
mit einem Artikel zur „Jubel-Jagd“
im Grunewald*

neben den eingestellten Jagen auch die traditionellen, berittenen Jagden hinter der Meute zu betreuen. Dass der Fürst dabei nicht verwaltend, sondern im praktischen Betrieb tätig war, bestätigt der nebenstehende Pressebericht aus 1878.

Es darf davon ausgegangen werden, dass v. Pless der kompetenteste Kenner der Jagdmusik seiner Zeit war. Die Basis dafür bildeten seine durch Zeitzeugen vielfach beschriebene Musikalität, seine praktisch-bläserischen Erfahrungen aus der militärischen Führung und die Verantwortung für die hochanspruchsvolle Organisation der staatlichen Gesellschaftsjagden.

Dass er über den jeweils neuesten Entwicklungsstand des Instrumentenbaus informiert war, ergab sich aus seiner Amtsführung, der die Hoflieferanten stets ihre Angebote zum Akzept vorzulegen hatten.

In den Unterlagen des „Geheimen Staatsarchivs Preußischer Kulturbesitz" ist ein Vorgang erhalten, aus dem wir ersehen, in welcher Weise der Fürst als Leiter des Hof-Jagdamts direkten Einfluss auf den Weg des kleinen Jagdhorns genommen hat:

Die Firma Franz Hirschberg bemühte sich seit 1874 mehrfach – zweimal ohne Erfolg – darum, das Prädikat als „Königlicher Hoflieferant" für Jagdhörner zu erhalten.

Dafür war unter anderem die Zustimmung des Hof-Jagdamts einzuholen. Für das Produkt „Pless'sches Jagdhorn" bekam Hirschberg – entgegen mehrerer Bedenken von anderer Seite – die Zustimmung Oberstjägermeisters v. Pless ohne weiteres.

Im Schreiben des Hof-Jagdamts vom 21. Dezember 1874 bescheinigt v. Pless der Firma Hirschberg ausdrücklich eine *„solide, preiswürdige"* Arbeit und die Lieferung von zwei Dutzend Instrumenten, *„welche sich gut bewähren und auch bereits anderweitig eine solche Anerkennung gefunden haben, daß daraus für den Verfertiger weitere Aufträge, so namentlich von der Kaiserlichen Forstdirektion zu Metz, hervorgegangen sind."*

Aus der Eigendarstellung der Firma in Presse- und Buchinseraten: *„Herzoglich Pless'sche Jagdhörner fabriziert seit 1870 nur Franz Hirschberg"*, geht hervor, dass zwischen Fürst von Pless und dem Instrumentenbauer Hirschberg mindestens seit 1870, wahrscheinlich viel früher eine Zusammenarbeit zur Findung eines guten Instrumententyps stattgefunden hatte.

In seiner Arbeit über die Hofjagden Wilhelms II. erwähnt Dr. Gautschi[3] im Zusammenhang mit Hirschberg eine Patentierung des Instruments „Fürst-Pless-Horn".

Eine darauf gerichtete „Nachsuche" konnte ein Patent nicht bestätigen, erbrachte im Archiv des Schlossmuseums Pszczyna aber einen weiteren Nachweis von direkter Einwirkung der Familie Hochberg-Pless auf das kleine Jagdhorn: 1870 ist es der Firma Franz Hirschberg von der Fürstenfamilie erlaubt worden, eine Schutzmarke für das Produkt „Pless'sches Jagdhorn" auf den Instrumenten zu verwenden. [4]

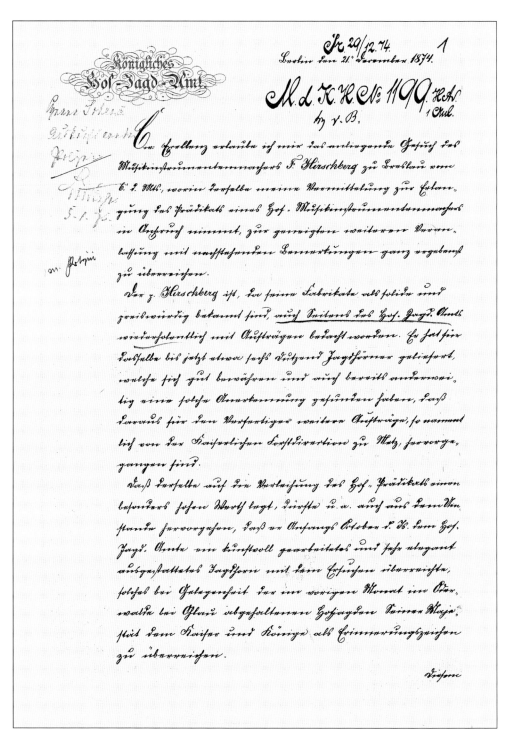

Stellungsnahme des Königlichen Hof-Jagdamts, unterschrieben von Oberstjägermeister Fürst von Pless

1874 stellt der Musikinstrumentenmacher Franz Hirschberg, Breslau, ein Gesuch zur Erteilung des „Königlichen Hofprädikats" an das Hausministerium des preußischen Königs und bittet das Hof-Jagdamt um Vermittlung. Fürst von Pless gibt aus seiner Kenntnis der Hirschberg'schen Jagdhörner eine uneingeschränkte Empfehlung der Firma an den König

[Handschriftliches Schreiben in deutscher Kurrentschrift]

... Gesuche konnte, da dasselbe zur Berücksichtigung nicht geeignet erschien, leider nicht entsprochen werden.

Es läßt sich indeß wohl nicht verkennen, daß die Erlangung jenes Prädikats für einen geschickten und strebsamen Handwerker, wie der p. Hirschberg zweifellos ist, ein sehr wesentlicher Hebel zur weiteren Entwickelung und Ausdehnung seines anscheinend in bestem Aufschwunge begriffenen Geschäfts sein würde.

Ew. Excellenz darf ich mich daher ganz ergebenst anheimzustellen, dem Gesuche des p. Hirschberg eine geneigte Berücksichtigung zu Theil werden lassen zu wollen.

[Unterschrift]

An
den Königlichen Staats-Minister und
Minister des Königlichen Hauses p.p.
Herrn Freiherrn von Schleinitz
Excellenz
Hier.

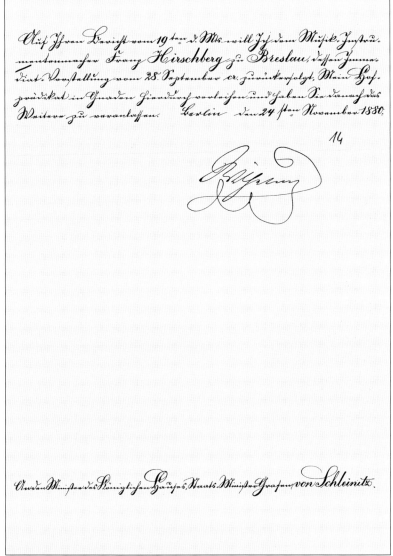

Erlaubnis des preußischen Königs
und deutschen Kaisers Wilhelm I.
zur Verleihung des Prädikats
„Königl. Hoflieferant"
an Franz Hirschberg, Breslau
Quelle: Geheimes Staatsarchiv
Preussischer Kulturbesitz,
Inv.-Nr. I.HA.Rep.100 Nr. 595

Die beiden Inserate aus „Rosner: Jagd-
signale und Fanfaren", 1888, und
„Deutsche Jägerzeitung" von 1916
nach dem Tode von Hans-Heinrich XI.
zeigen eine Anpassung des Herstellers
an die Titeländerung des Fürsten,
ab 1905: Herzog von Pless

Schutzmarke PHJ

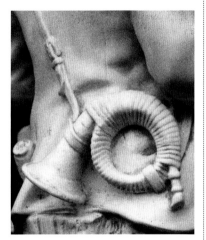

Hans-Heinrich XI. als Jäger auf der Rast, Gipsfigur von Johann Janda, 1863, Schloßmuseum Pszczyna, Inv.-Nr. MP/PSZ 289
Foto: Dr. Jan Kruczek

Das aus den drei Buchstaben **PHJ** bestehende Zeichen befindet sich zwischen den Schriftteilen **SCHUTZ** und **MARKE**. Dabei stehen die gekreuzten Initialen **P** und **H** für die Verbindung der Namen Pless und Hirschberg über dem **J** für Jagdhorn. Hier finden wir die ursprüngliche Form der Namensgebung „Fürst-Pless-Horn", die Nahtstelle, wo der Name Pless erstmas nachweislich in Verbindung mit einem Jagdhorn erscheint.

Der Fürst hat den nach ihm benannten Horntyp in seiner Grundform lange vor 1870 gekannt und geführt. Das geht aus dem Herstellungsdatum einer Skulptur „Hans-Heinrich XI. als Jäger auf der Rast" aus der Sammlung des Schlossmuseums Pszczyna hervor.

Preußisches Signalhorn der Jäger-bataillone

Hersteller: C.W. Moritz, Berlin

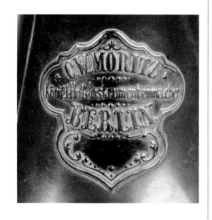

Carl Wilhelm Moritz lebte von 1810-1855. Die Firma Moritz existierte mit Nachfolgern von 1835-1955.
1840 wurde die Ernennung zum „Königlichen Hofinstrumenten-macher" ausgesprochen.

Das abgebildete Signalhorn stammt etwa aus der Mitte des 19. Jahrhunderts. Es war für den militärischen Gebrauch bestimmt. Die Umwicklung besteht aus grünem Tuch. Das Instrument besitzt eine weitgehend konische Mensurführung und kommt damit dem Flügelhorntyp sehr nahe. Die Tonfärbung ist dunkel.
Die Firma Moritz war offenbar auf die merkwürdigsten Sonderwünsche des Hofes eingestellt. So wird im Langwill-Index[5]) ein Antilopenhorn erwähnt, das die Firma 1896 für den militärischen Gebrauch baute. (Oryx-Antilopenhörner mit grüner Umwicklung waren den Hornisten des Garde-Jäger-bataillons von Wilhelm II. in dem betreffenden Jahr für Paraden verliehen worden.)

Die Katalogseite Ernst Dölling, um 1870, dokumentiert den Stimmungswechsel von „C" auf „B" bei den militärischen Signalhörnern und die damit verbundene Unsicherheit bei der praktischen Verwendung.
Es wurden gleichzeitig Instumente in der alten wie in der neuen Stimmung angeboten.

Die Figur wurde 1863 geschaffen und zeigt den Fürsten mit einem Instrument, das in seiner Formgebung sehr stark an das nachfolgend porträtierte Horn der Firma Julius Altrichter, Frankfurt/O. erinnert.

Es erscheint sehr weit mensuriert, noch fast identisch mit der alten Flügelhorn-Bauweise.

Die Firma Altrichter zeichnet als Hoflieferant „Sr. Kgl. Hoh. D. Prinz. Frdr. Carl v. Preussen", des ranghöchsten preußischen Offiziers um 1870, der, ähnlich wie von Pless, gleichzeitig militärische und jagdliche Bereiche repräsentierte.

Preußisches Jagd-Signalhorn in „B"
Herstellerfirma:
J. Altrichter, Frankfurt/Oder

Ferdinand Julius Hermann Altrichter lebte von 1842-1915.
Die Firma existierte von 1868-1935.
1883 erfolgte die Installierung als:
Hof-Instrumentenfabrikant Sr. Kgl. Hoh. d. Prinz. Frd. Carl v. Preussen.

Das Instrument wurde ca. 1890 gefertigt, in der Zeit als die Jagdhörner nach der Idee von Pless bereits einheitliche Stimmung aufwiesen, in der Fertigungsweise und den Mensuren aber noch sehr unterschiedlich waren. Maschinelle Serienherstellung gab es noch nicht, das Horn ist rein manuell aus getriebenem Blech gebaut, mit extrem weiter Rohrführung.
Der Becher mißt am Ende 14,5 cm, und ist damit fast so weit wie die Halbmond-Flügelhörer.
Der Ton ist dunkel, eher lyrisch als signalhaft.
Das Instrument kann von Bauart und Klang her als Vorstufe zur endgültigen Form des Fürst-Pless-Horns eingeordnet werden.
Es stammt aus der Dienstausrüstung eines kaiserlichen Hof-Forstbeamten. Friedrich-Carl von Preussen (1828-1885) wird als regelmäßiger Gast bei den Hofjagden und in den Strecken-richten des Hofjagdamts erwähnt.
Er war ranghöchster preußischer Offizier, Generalfeldmarschall, und für den Ausgang der meisten Schlachten des Krieges 1870/71 mitverant-wortlich.

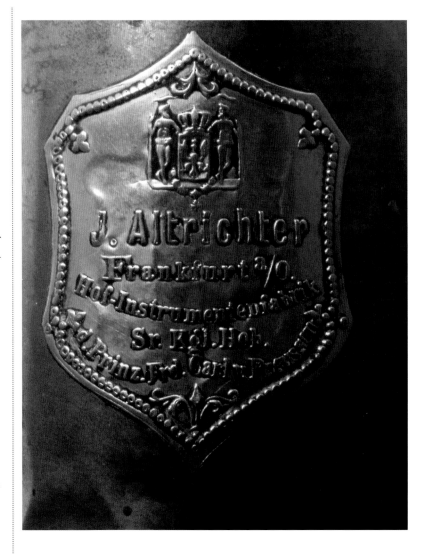

Auch das abgebildete Instrument der Firma C.W. Moritz, Berlin, (siehe S. 66) gehört der Zeit an, als das Fürst-Pless-Horn sich noch nicht vom Grundkonzept des Militär-Jägerhorns gelöst hatte, ein Horntyp also, der als Vorbild für die neue Idee des Fürsten gedient haben könnte.

Die üblichen Signalinstrumente um die Mitte des 19. Jahrhunderts, ein- und zweiwindige Hörner in länglicher oder kreisrunder Form, standen nach dem Reglement für das Militär in der Stimmung C-Sopran. Die Angebotslisten der Hersteller wiesen aber bereits um 1870 Instrumente zur Wahl in der Stimmung „C" oder der neu zur Diskussion stehenden Stimmung in „B" auf (siehe S. 66).

Zu diesen reichlich unübersichtlichen Verhältnissen der Signalinstrumente im 19. Jahrhundert schrieb mir der ehemalige Militär-Musikdirektor Friedrich Deisenroth: *„Die Stimmung der Instrumente ist unterschiedlich. Preußen bleibt bei c-(Hohe Stg. 892 sing. Schwingungen) Bei Einführung des „Pariser Kammertons", um 1890 in die Musik- u. Trompeterkorps der preuß. Armee, werden die Feldtrompeten (einmal gewundene und dann doppelwindige als Signaltrompete) dem neuen Kammerton angeglichen. Die Inf. Sign. Hörner bleiben aus Ersparnisgründen unberücksichtigt, und so habe ich sie bei meinem Eintritt in die Reichswehr 1924 auch nicht anders erlebt."* [6]

Aus solchen Teillösungen hob sich der Instrumententyp „Fürst-Pless-Horn" vor allem durch die klare Übernahme der neuen Stimmung in „B" hervor.

Damit konnte für die jagdmusikalische Praxis das Wichtigste erreicht werden: ein klangliches Zusammenpassen aller zukünftigen Jagd-Signalhörner.

G. MARKL.

[1] Vergl. Fr. v. Ivernois in „Waidmann", 15. Okt. 1875, S. 34/35

[2] Willy Benzel: Das Fürst-Pless-Horn, Wild u.Hund, 72. Jahrg., 1969, S. 1070 f.

3) Dr. Andreas Gautschi, „Jäger" 7/99, S. 30, Jahr-Verlag, Hamburg.

4) Dr. Jan Kruczek, Muzeum Zamkowe, Pszczyna, Inv. Nr. MP/S/ 4856.

5) The New Langwill Index, Tony Bingham, London 1993, S. 272

6) Deisenroth, Friedr., Brief vom 3.2.1994

„Auerochsen im Wildpark des Fürsten Pless".
Originalzeichnung für die Deutsche Jagdzeitung.
Deutsche Jagdzeitung, Dezember 1878, S. 45

„Fürstl. Pless'sches Jagdhorn" von
Franz Hirschberg, Breslau
Die Firma Franz Hirschberg erhielt
1880 vom Hausministerium des
Preußischen Königs das Prädikat
„Königlicher Hoflieferant".
Grundlage dafür bildete eine Empfeh-
lung des Fürsten von Pless als Leiter
des Hof-Jagdamts.
Vorausgegangen war die Zustimmung
der Familie Hochberg-Pless zur Ein-
richtung einer Schutzmarke für das
Produkt „Fürstl. Pless'sches Jagdhorn"
an die Firma Hirschberg.
Darauf beruft sich Franz Hirschberg
in seinen Zeitungs- und Buchanzeigen,
wenn er sich als einzigen Hersteller
der Fürstlich oder später Herzoglich
Pless'schen Jagdhörner bezeichnet.
Nach der Eigenbeschreibung der
Firma, der Qualität ihrer Etablierung
am Hofe und der Verbindung zur
Familie des Fürsten kann davon aus-
gegangen werden, dass die frühen
„Hirschberg-Hörner" den Urtyp des
„Fürst-Pless-Horns" bilden.

Der „Urtyp" des Fürst-Pless-Horns.

*Das Notenbuch von Rosner erschien von 1878 bis 1910. *)
Mit der Produktion der Pless'schen Jagdhörner übernahm
die Firma Franz Hirschberg, Breslau, auch die Herausgabe
des ursprünglich in Pless verlegten Buches. Die hier abgebildete späte Auflage wurde bereits vom Nachfolger Hirsch-
bergs, Emil Raschke, herausgegeben.*

*) R. Stief, Handbuch der Jagdmusik, Bd. 1, Vorwort, BLV

Uwe Bartels

Formen des Fürst-Pless-Horns

Entwicklungsschritte zum heutigen Instrument

D er Idee des einheitlich für alle Jäger zu Fuß konzipierten, kleinen Signalhorns – von der Firma Franz Hirschberg nach den Pless'schen Vorschlägen umgesetzt – folgten bald eine Reihe prominenter Fabrikanten im preußischen Raum. Instrumente aus ihren Manufakturen werden hier in „Porträts" vorgestellt.

Frühformen

Diese Hörner aus der frühen Zeit, zwischen 1880 und 1900 zeichnen sich besonders durch akurate handwerkliche Verarbeitung aus. Sie sind durchweg mit der Signatur ihres Herstellers versehen, was darauf hinweist, dass die Handwerker sich damals mit dem speziellen Produkt „Pless'sches Jagdhorn" identifizierten.

Das war in früheren Zeiten durchaus nicht immer der Fall, besonders nicht bei technischen Dingen mit vereinheitlichten Maßvorgaben. Standardisierung bedeutete schon immer Serientauglichkeit und damit bei Marktbewährung Übernahme in sparende Mengenfertigung und – Anonymität.

Dem Fürst-Pless-Horn ist das nach Beurteilung der überlieferten Instrumente einige Jahrzehnte erspart geblieben, obgleich in seinem Grundprinzip die Einheitlichkeit und Übereinstimmung ganz bestimmter Baumaße von Beginn an wichtiger Bestandteil war.

Beste Voraussetzung also, es einer namenlosen Vervielfältigung zu unterwerfen, wie es bei den verwandten preußischen Militärhörnern durchweg geschehen ist. Kaum ein Infanteriehorn trägt den Namen seines Herstellers, aufgelötet oder eingeprägt ist höchstens ein Hinweis auf den Verwendungsbereich oder die Inventarisierung.

Das Fürst-Pless-Horn sollte in seiner äußeren Form der Jagd zu Fuß bestmöglich angemessen sein: so leicht, klein und robust wie irgend erreichbar, mit der Fähigkeit, einen weittragenden, volumigen Ton zu erzeugen. Diese Forderungen waren am besten zu erfüllen durch die zweiwindige, kreisrunde Bauart. Mehrwindigkeit bedeutet im Blechblas-Instrumentenbau, dass sich die leicht deformierbaren Metallröhren durch den Verlauf in Bündelform am besten gegenseitig stützen können.

Die Kreisform ist dabei die stabilste und zugleich raumsparendste Lösung.

Bei einer Gesamtrohrlänge von ca. 130 cm beim B-Sopran-Signalhorn, lässt sich die zweiwindige, relativ kleine Form noch technisch vertretbar erreichen, ohne dass an der Mensurführung – und damit bei der Tonqualität – Einschränkungen hingenommen werden müssen.

Bei noch enger und mehrfach aufgewickelten Instrumenten ist es oft nötig, die innere Weite des Rohres stärker zu begrenzen – auf Kosten des Tonvolumens. Die Idealform des Gebrauchsinstruments für den zu Fuß jagenden Praktiker war mit dem Pless-Horn-Typ offenbar gefunden, denn seine schnell steigende Popularität lässt sich aus den Angebots-

Ziergravuren an einem frühen Jagd-Signalhorn von F. Sydow, Potsdam
Eigentümer R. Meyer-Böttger

Die Firma Ferdinand Sydow in Potsdam arbeitete von 1860 bis 1892 als Nachfolger der Firma A. Heiser. August Heiser existierte seit 1824 und wird bei Langwill[1] u.a. mit Parforcehörnern, Bugles und einem „Flügel-hifthorn" erwähnt.(Derartig bezeichnete Instrumete sind bei Pompecki auf S. 24 dokumentiert[2])

Das Instrument wurde um 1890 gebaut und entspricht in seinem Gesamtcharakter der Standardform des Fürst-Pless-Horns nach der Bauart von Franz Hirschberg. Die Maße sind fast identisch denen bei Hirschberg, die Ansprache ist deutlich besser und läßt auf eine Weiterenwicklung schließen. Auf dem Instrument befindet sich ein zeitgleiches Mundstück mit Trichterausformung und flachem Rand.

Das Horn ist dünnwandig gebaut und entsprechend stark verformt. Es wiegt mit Umwicklung und Trageriemen 440 g. Die Bewicklung besteht aus grünem Tuch, das als preiswertestes Material angeboten wurde. (s. Händlerangebot Wunderlich[3]) Mit dem reich verzierten Becherkranz erweist sich das Horn als Instrument aus einer Meisterwerkstatt. Neben der Herstellersignatur F. Sydow, Potsdam, Hof-Instrumentenmacher, trägt es in gleicher Schrift noch den Namen Heinrich Casper.

Fürst-Pless-Horn ca. 1880,
keine Herstellersignatur, jedoch fein
verzierter Becherkranz (Punzen),
leichte, dünnwandige Bauart mit auf-
fällig langem konischen Anteil im
Rohrverlauf, ganz aus Flachblech
gefertigt, mit zeitgleichem Signalhorn-
Mundstück.
Trotz der anonymen Herkunft erfüllt
das Instrument die Anforderungen an
ein hochwertiges Musikinstrument.

Fürst-Pless-Horn noch ohne die
Bezeichnung „Fürst Pless".
Tiefprägung auf dem Schallbecher:
„Deutsche Wertarbeit".
Beispiel für industrielle Serienferti-
gung in den 1920 er Jahren.
(Die Zeitschrift „Deutsche Wertarbeit"
erschien zuerst 1924.)
Maße ähnlich den zeitgleichen Instru-
menten der Firma Max B. Martin,
jedoch gröber gearbeitet, bautechnisch
wie musikalisch geringer zu bewerten
als die Martin-Instrumente.

katalogen jedes etablierten Blechblasinstrumentenbauers um die Jahrhundertwende nachweisen.

Es scheint das kleine Jagdhorn im Instrumentenbau zur Kaiserzeit so etwas wie eine bescheidene aber unbeirrbare Sonderstellung eingenommen zu haben, denn alle Hersteller, bemühten sich, das Hörnchen im Katalog zu führen und es für jeden Geldbeutel erschwinglich, in verschiedensten Ausstattungen anzubieten.

Man konnte es einfach aus Messing bekommen oder mit zusätzlicher Lederbewicklung und mit Tragriemen, für Individualisten stand auch Neusilber oder gar reines Silber (auf Anfrage!) zur Verfügung.

Die Hersteller ließen es sich – ohne Ausnahme – nicht nehmen, selbst auf dieser einfachsten Instrumentenform ihrer Angebotspalette den Firmennamen anzubringen, oft in reichgeschmückter Form!

Die Anbieter der hier abgebildeten Katalogseiten sind repräsentativ für andere im Wettbewerb stehende Fachbetriebe der Branche. Ihre Instrumente tragen soweit wir sie kennen, mindestens während der Amtszeit des Fürsten von Pless noch nicht den Pless'schen Namenszug.

Dieser ist, zunächst aus dem Metall des Schallbechers herausgedrückt, in Kursivschrift mit ovaler Perl-Umrandung, frühestens nach Beendigung des Kaiserreichs aufgetreten. Das älteste, von mir nachgewiesene Instrument mit Pless-Namensprägung in ausgeschriebener Form und noch mit Messingkranz um den Schallbecher (spätere Hörner gab es nur noch mit Neusilberkranz) trägt eine Eigentümer-Widmung mit dem Datum 1933 und wurde von der Firma Martin gebaut.

In Verbindung mit dieser Firma, die als eine der leistungsfähigsten und bekanntesten in Deutschland zur Jahrhundertwende galt, bietet sich hier ein Exkurs an. Er soll belegen, wie die beginnende Mengenfertigung einerseits zur Anonymität des Pless-Horns führte, dass andererseits aber durch die große Maßgenauigkeit bei der Serienherstellung die Pless'sche Idee eines einheitlichen Instrumententyps gefördert wurde.

Die „Martinshörner" und ihre Konkurrenten

Der Begriff „Martinshörner" wurde an anderer Stelle bereits erwähnt als Name für die technischen Signalgeber an Polizei, Feuerwehr- und Notdienstfahrzeugen. Er bezeichnet eine Instrumentenbaufirma, die sich am Beginn unseres Jahrhunderts in Markneukirchen/Sachsen gründete, und in der Entwicklung des Jagd-Signalhorns jahrzehntelang eine führende Rolle spielte.

Zur damaligen Zeit war die Region Markneukirchen/Klingenthal/Graslitz eines der weltweit bekanntesten Musikinstrumentenbau-Zentren. Die heute noch allen Bläsern geläufigen Namen, Meinl, Dotzauer, Kühnl oder Wolfram, bleiben damit verbunden, aber auch Firmen, deren Namen heute nicht mehr aktuell mit der Blechblasinstrumentenproduktion verbunden sind, wie Bohlandt und Fuchs, Wunderlich, Dölling oder Martin. Sie alle waren bereits zur Jahrhundertwende

77

Ehrenhorn aus Silber
Hersteller: Eduard Kruspe

Die Firma Ed. Kruspe, 1864-1950, auf den Hornbau spezialisiert, arbeitete um die Jahrhundertwende mit führenden Horn-Solisten zusammen, um konstruktive Neuerungen herauszubringen.

Kruspe gilt als der Erfinder des B/F-Konzert-Doppelhorns und hält dafür mehrere Patente.

Das abgebildete Signalhorn ist aus reinem Silber gefertigt und auf allen Teilen, Korpus, Becherkranz und Mundstück mit „800 SILBER" gestempelt. Es enthält die Hersteller-Signatur mit Eichenlaub-Umkränzung, dazu eine Widmung mit Jahreszahl. Zum Horn gehört ein Formetui, mit grünem Saffianleder bezogen und mit Samt gefüttert.

Das Horn wiegt 600 g, ist damit 80 g schwerer als vergleichbare Instrumente aus Messing. Es erzeugt mit dem

Originalmundstück, das fast die Innenmaße eines Waldhornmundstücks besitzt, einen sehr weichen Ton, der weniger zu einem Signalhorn paßt. Die Ansprache ist zufriedenstellend, jedoch nicht überdurchschnittlich. Hörner aus reinem Silber waren zu allen Zeiten schwierig zu fertigen, weil das Material beim Verformen durch Hämmern ungünstig reagiert. Derartige Instrumente sind demgemäß nur vereinzelt hergestellt worden, ins-

besondere, weil der Mehraufwand bei der Herstellung in keinem Verhältnis zu einem eventuellen musikalischen Gewinn steht.

Eins dieser Instrumente haben Freunde des Fürsten von Pless anfertigen lassen und es ihm zu seinem 50. Dienstjubiläum verehrt. [4]

Fürst-Pless-Horn der Firma Max B. Martin, Markneukirchen

Signiert mit der frühesten bekannten Form des „Fürst-Pless"-Emblems:
– Fürst Pless – in Kursivschrift mit ovaler Perlschnur-Umrandung, erhaben aus dem Metall gedrückt.

Das Instrument stammt aus einer Serienfertigung um 1930, die noch hohe Anteile manueller Arbeitsprozesse aufweist. Das Schallstück ist in handwerklicher Weise aus Flachblech mit gezinkter Naht zusammengelötet.

Durchmesser des Schallbechers: 12,9 cm

Gewicht mit Mundstück und Ledergarnitur: 500 g.

Musikalisch ist das Horn von guter Qualität. Trotz mehrerer Verformungen der Rohrwandung spricht es leicht an und stimmt über die gesamte Naturtonskala.

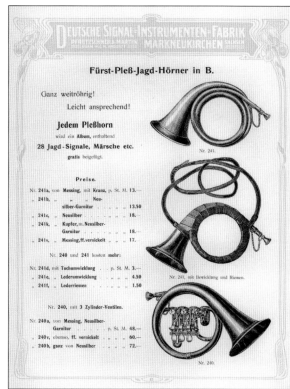

Preisliste Nr. 36, ca. 1903,
Archiv Max B. Martin KG

Notenheft „Die deutschen Jagdsignale"
von Max B. Martin
Archiv Gronitz, Hamburg

Garanten für hochwertigen Instrumentenbau im sächsischen Vogtland und in Böhmen.

Der Instrumentenbauer Max Bernhard Martin tat sich 1902 mit zwei Partnern, Vater und Sohn Pfretzschner zusammen. Sie übernahmen die 1889 gegründete Firma „Deutsche Signal Instrumenten Fabrik M.C.R. Andorff" und ließen sich nieder als „Signalinstrumentenfabrik Pfretzschner und Martin, vormals M.C.R. Andorff". Bereits 1906 übernahm Martin die Firma allein. [5])

Aus der Programmentwicklung und dem Marktverhalten der Firma ist ersichtlich, dass sie auf dem Spezialgebiet – Signalinstrumente – führend war.

Durch die Serien-Produktionsweise dieses Herstellers ging viel von dem bis dahin erkennbaren Individualcharakter des Pless'schen Horns verloren. Es bildete sich dafür aber ein einheitlicher, beachtlich hoher Qualitätsstandard heraus. Wenn man vor Produktionsbeginn der Firma Martin noch auf Hörner stoßen konnte, die wohl ein aufwendiges Äußeres hatten, in ihrer Tonansprache aber zu wünschen übrig ließen, so konnte man sich bei den Martin-Instrumenten auf gute blastechnische Eigenschaften sicher verlassen. Die Kenntnis- und Erfahrungsvorgaben des Spezialisten traten hier eindeutig zutage, und, weil die Konkurrenz gezwungenermaßen nachzog, ergab sich für das kleine Jagdhorn ein Vorteil auf breiter Basis.

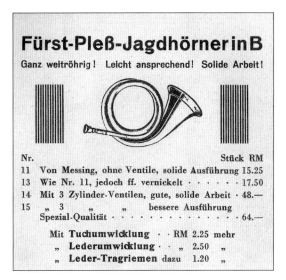

Fürst-Pleß-Jagdhörner in B

Ganz weitröhrig! Leicht ansprechend! Solide Arbeit!

Nr.		Stück RM
11	Von Messing, ohne Ventile, solide Ausführung	15.25
13	Wie Nr. 11, jedoch ff. vernickelt · · · · · ·	17.50
14	Mit 3 Zylinder-Ventilen, gute, solide Arbeit ·	48.—
15	„ 3 „ „ bessere Ausführung Spezial-Qualität · · · · · · · · · ·	64.—
	Mit **Tuchumwicklung** · RM 2.25 mehr	
	„ **Lederumwicklung** · · „ 2.50 „	
	„ **Leder-Tragriemen** dazu 1.20 „	

Angebot Fürst-Pless-Horn in Katalog C.A. Wunderlich, 1935, S. 46, mit der Besonderheit: „Ganz weitröhrig"
Quelle: Archiv Gerhard Wolfram, Markneukirchen

Die Instrumente der Firma Pfretzschner und Martin sind damit richtungsbestimmend für die Gesamtproduktion der Pless-Hörner im 20. Jahrhundert geworden.

Die hier abgebildete „Illustrierte Preisliste No. 36" von Pfretzschner und Martin ist auf ca. 1903 zu datieren [6]) und enthält den deutlichen Hinweis auf eine Sonderbehandlung des Fürst-Pless-Horns, die sich so bei anderen Instrumenten der Firma nicht findet: „Ganz weitröhrig! Leicht ansprechend!"

Im etwas jüngeren Angebot eines Mitanbieters, der Firma C.A. Wunderlich, Siebenbrunn/Vogtland, finden wir die gleiche Qualitätsbeschreibung!

Das wohl-mensurierte und gut klingende Fürst-Pless-Jagdhorn muss bei seinen Benutzern früh das Verlangen ausgelöst haben, darauf auch chromatisch zu spielen. So bietet die Firma Martin ein Pless-Horn mit Ventilen als einziges Blech-Ventilinstrument ihrer gesamten Produktpalette an. Bei dem „Entdecker" des „Pless-Horn-Markts", Franz Hirschberg, Breslau, taucht solch ein Instrument bereits um 1890 auf.

Man muss sich vergegenwärtigen, was mit der „Chromatisierung" des Pless-Horns für eine Signalhorn-Fabrik mit Großserien-Fertigung verbunden war: Im ganzen Hause gab es sonst keine Verwendung für Zylinder-Drehventile! Die Fertigung eines einzigen Produkts, des Fürst-Pless-Horns, verlangte nun das Hineinnehmen einer neuen, „betriebsfremden" Technik.

Ein ernstzunehmender Konkurrent von Martin war damals die Fima Dölling, später Dölling und Co. Sie war gleichfalls mit einem breiten Angebot für den Bedarf bei Militär, Feuerwehr, Turnvereinen, Post und Jagd vertreten.

Ernst Dölling gab es bereits seit 1850 in Markneukirchen. Um 1913 soll seine Firma eine der größten in der Region gewesen sein und kann

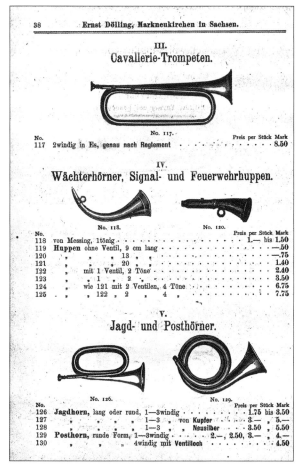

Firma Ernst Dölling,
Titelblatt und Angebotspalette
Quelle: Archiv Gerhard Wolfram,
Markneukirchen

nach dem Zuschnitt der Angebotslisten wohl als Markt-mitbestimmend angesehen werden. Die Prospekte der Ursprungsfirma Ernst Dölling gegen Ende des 19. Jahrhunderts – vor Martin – zeigen im Bereich Jagd noch keine Hinweise auf ein Produkt „Fürst-Pless-Horn". Die dort angebotenen Jagdhörner werden ziemlich undifferenziert unter der Rubrik „Jagd- und Posthörner" aufgeführt. Das Produkt „Fürst-Pless-Horn" als Standard war demnach in der Region noch nicht im Gespräch. Es wird im Angebot auch nichts von einer vorgegebenen, einheitlichen Stimmung für Jagdhörner erwähnt, lediglich zum Bautyp gibt es Hinweise.

Solche Jagd-Hörner, bei Martin „Jagd-Hörnchen", 1-4 windig, sind bei allen Herstellern aufgeführt, auch noch in den Katalogen um 1920, die bereits das Pless-Horn enthalten.

Sie müssen von sehr schlichter Qualität gewesen sein, wurden überhaupt nicht einzeln, sondern gleich im Dutzend angeboten. Das ganze Dutzend zum dreifachen Preis eines einzelnen Pless-Horns.

Erst in dem bereits erwähnten Angebot von C. A. Wunderlich, datiert 21. März 1935, werden neben dem Pless-Horn in „B" keine dieser einfachen Jagdhornformen mehr geführt. Solange muss es also in etwa

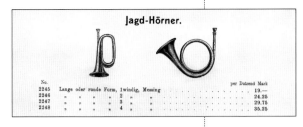

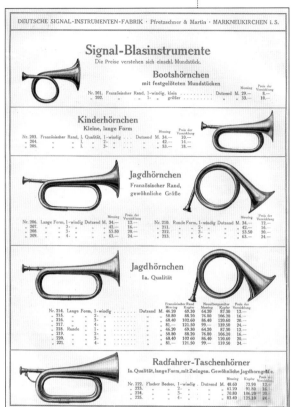

Firma Dölling und Co.
und Firma Martin, Billighörnchen
Quelle: Archiv Gerhard Wolfram,
Markneukirchen

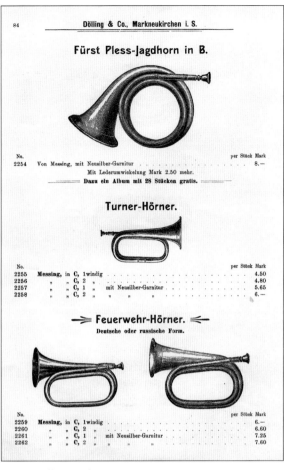

Firma Dölling und Co.,
Fürst-Pless-Horn
Quelle: Archiv Gerhard Wolfram,
Markneukirchen

gedauert haben, bis sich die Idee zu einem einheitlichen Qualitäts-Signalhorn für die Jagd zu Fuß durchsetzen konnte.

Die Firma Pfretzschner und Martin, die sich ab 1925 „Deutsche Signalinstrumenten Fabrik Max B. Martin" nannte, verwendete von Anfang an das Firmenzeichen aus der Gründungszeit von 1897, einen waagerechten Pfeil. Er ist auf dem Mundrohr, nahe der Endzwinge angebracht und weist vom Mundstück weg. Auf einigen Instrumenten findet man ihn zusammen mit der Stimmungsbezeichnung, beim Pless-Horn also „B", beim Infanterie-Horn „C".

Von Nichteingeweihten kann man zu dieser Signierung hören: „Der Pfeil deutet auf die Stimmung meines Horns". Dass damit nur der unwichtigere Teil der Information erkennbar wird, der Hinweis auf den Hersteller aber verborgen bleibt, ist den meisten Besitzern eines „Martin-Instruments" nicht bewusst.

Mir ist nur ein sehr spätes Instrument bekannt auf dem die Firma neben dem üblichen Pfeil auch noch den Namen Max B. Martin in den Schallbecher geprägt hat.

Es handelt sich dabei um eine ausgefallene Sonderform, ein Horn aus Aluminium, für die Luftwaffe im Zweiten Weltkrieg hergestellt.

Jagdhörner der Firma Martin hat es bis in die jüngere Zeit gegeben. 1952 wurde ein Teil der Firma zunächst nach Bayreuth, dann nach Philippsburg verlegt. Die in Markneukirchen verbliebenen Werkstätten produzierten weiter unter der Firmierung „VEB Deutsche Signal-Instrumentenfabrik Markneu kirchen" und blieben mit einer Palette von Signalhörnern aus der alten Zeit auf dem Markt. Das Firmenzeichen war, wie nebenstehend abgebildet, der Pfeil durch das Wort – Signal – gezogen, darunter VEB in ovaler Umrandung.

Angebotsseite der verstaatlichten
Martin-Betriebe der DDR
Quelle: Archiv Gerhard Wolfram,
Markneukirchen

*Militär-Signalhorn in C der Firma
Max B. Martin, Markneukirchen*
Sonderausführung eines Signalhorns
in Jagdhornform für die Luftwaffe im
Zweiten Weltkrieg.
Baujahr: 1942
Signatur: Pfeil und Buchstabe C auf
dem Mundrohr, dazu auf dem Schall-
becher eingeschlagen:
„Max B. Martin Markneukirchen 42"
Das Instrument ist in allen Teilen aus
Aluminium gefertigt, ein weiteres Stück
dieser Art wurde noch nicht bestätigt.
Das Instrument soll hier als Beleg
für die hohe Spezialisierung der Firma
Martin dienen.
Durchmesser des Schallbechers:12,6 cm
Gewicht: 260 g

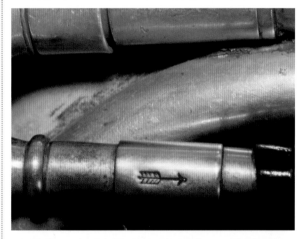

Die besondere Behandlung
des jagdlichen Signalhornblasens
im „Dritten Reich"

In den zwanziger Jahren fand das jagdliche Brauchtum und mit ihm das Blasen des Fürst-Pless-Horns wenig Beachtung. Das nachfolgende Bild ist typisch für die Lebensart der „goldenen" zwanziger Jahre.

Jagdgesellschaft 1922
Quelle: Bernhard Gerdes, Fürstenau

Man gab sich patriarchalisch, wohl etabliert und betont zivil. Dienstleistungen überließ man, wenn möglich, dem Personal.

Das Jagdhornblasen und die damit verbundenen umfänglichen Kenntnisse des jagdlichen Brauchtums waren nicht Sache des Privat-Jägers. Jägerprüfungen, die so etwas hätten zum Inhalt haben können, gab es nicht. Für das brauchtumsgemäß Handwerkliche lud man sich den beruflich zuständigen Förster ein.

Mit Beginn des NS-Regimes, ab 1933, änderte sich die Situation jedoch drastisch. Durch das große Interesse der Machthaber an der Wiederbelebung alter, besonders – germanischer – Bräuche erhielten neben den Musikinstrumenten für Aufmärsche und Großkundgebungen auch die Jagdhörner mit ihren Signalen eine gezielte Förderung. Es gab wieder Staatsjagden, deren Verantwortlicher, Reichsjägermeister Hermann Göring, auf erstklassiger Ausstattung mit hohem Repräsentationswert bestand. Damit verbunden war, ähnlich wie bei den früheren Hofjagden, großer Aufwand an Organisation, um einen sicheren Ablauf zu gewährleisten. Alle offiziellen Jagden wurden durch Hörner geführt.

Bei der Rahmengestaltung war das Auftreten von uniformierten Bläsergruppen selbstverständlich.

Fürst-Pless-Horn, 1933-1945,
mit dem Emblem der Deutschen
Jägerschaft während des NS-Regimes.
Gewicht: 550 g
Schallbecherweite: 13 cm

Das Horn ist von überdurchschnittli-
cher Qualität und spricht gut an.
In der NS-Zeit wurde das jagdliche
Brauchtum betont gefördert. Davon
haben auch das Jagdhornblasen und
der Instrumentenbau profitiert.
Die Bewicklung aus dünnem Spalt-
leder und die Fessel aus beschichtetem
Textilmaterial sind allerdings minder-
wertig und deuten darauf hin, daß die
Fertigung bereits in der Mangelzeit des
Krieges stattgefunden hat.

*Verblasen zweier kapitaler Hirsche
in Rominten. In der Mitte: Reichsjägermeister Göring, rechts: Landes-
jägermeister von Epp, links: Oberforstmeister Wallmann-Nassawen.*
*Foto: Dr. Lutz Heck, aus Wild u. Hund
1935, S. 73*

Die Ausbildung von Förstern und Berufsjägern enthielt Jagdhornblasen als Pflicht- und Prüfungsfach. In dem zentral organisierten „Reichs-
bund Deutsche Jägerschaft", wurde das Horn mit dem Abzeichen der
Organisation, dem Hirschgeweih mit Hakenkreuz und den Buchstaben
„D.J.", eingeführt.

Göring legte bei seinen persönlichen Einzeljagden auf kapitale Hirsche in Rominten oder der Schorfheide großen Wert darauf, dass dem
erlegten Wild eine brauchtumsgerechte Würdigung zuteil wurde. Bilder
zu solchen Situationen zeigen stets einen oder mehrere Forstbeamte mit
Jagdhörnern neben der Strecke

Mit der Verabschiedung des neuen „Reichsjagdgesetzes" (3. Juli 1934)
rückte eine Reihe von Maßgaben erneut in den Vordergrund, die nach
dem Niedergang des Kaiserreiches kaum noch gepflegt worden waren.

Das Ressort – Jagd – wurde von Göring aus seinen privaten Neigun-
gen heraus bevorzugt und erfuhr, entgegen den sonstigen Einschränkungen durch das Regime, eine großzügige Behandlung. Es ergaben sich
daraus Ansätze zu Erneuerungen, die bis heute im Jagdbetrieb festen
Bestand behalten haben. Zu nennen sind an erster Stelle die Erarbeitung
des Werkes „Das jagdliche Brauchtum" durch Walter Frevert, sein Hinzufügen der Merkverse zu den Deutschen Jagdsignalen, die Herausgabe
der Verordnungen zum Reichsjagdgesetz durch Ulrich Scherping und
Dr. Adolf Vollbach, dann die verschiedenen Arbeiten, literarisch und
musikalisch, von Forstmeister Kurt Redslob und Prof. Carl Clewing.

Welcher Wert in jener Zeit auf Brauchtum und das damit verbundene Jagdhornblasen gelegt wurde, zeigt uns das Vorwort zur ersten Auflage, 1936, des oben erwähnten Buches von Frevert.

Ulrich Scherping, Oberstjägermeister und ranghöchster Jagdbeamter unter Göring, schrieb darin: *„Das jagdliche Brauchtum, wie es in den nachfolgenden Zeilen festgelegt ist, ist deshalb* **bindend** *für alle jagdlichen Veranstaltungen, an denen deutsche Jäger teilnehmen"*.

Begutachtung von Abwürfen auf dem Reichsjägerhof Rominten. Zweiter von links: Oberstjägermeister Ulrich Scherping, dritter von links, Oberforstmeister Walter Frevert. Quelle: Buch „Rominten" von Walter Frevert, 1957, BLV

Forstmeister Kurt Redslob. Bei jagdlichen Treffen im Solling besprachen Redslob und Clewing die Zusammenstellung des gemeinsamen Jagdsignal-Buches. Quelle: Wild und Hund, XXXI. Jahrg. Nr.3, 1925, S. 45, Paul Parey, Berlin

Clewing, Berliner Gesangsprofessor und Jagdkenner, war von Göring als Jagdmusikbeauftragter eingesetzt worden und gab 1937 zusammen mit Redslob ein Signalmusikwerk heraus, dem gleichfalls Merktexte beigefügt waren.

Die, wie er sie selbst nennt, „Sprüche", hatte Redslob schon Jahre vorher erarbeitet. Das Vorwort beider Autoren in ihren „Deutsche Jagdsignale mit Merksprüchen" lässt Schlüsse darauf zu, dass der hohe Bekanntheitsgrad und die Akzeptanz des Künstlers Clewing den weniger in die Öffentlichkeit drängenden Redslob letztlich bewog, sein Schriftwerk der breiten Jägerschaft vorzustellen. Während bei Frevert die Verse als schlichte Hilfe beim Merken von Melodien gedacht sind, schwingt in dem Werk von Redslob/Clewing mehr mit, nämlich die Idee von musikalischer Aufwertung durch das Singen der Signale.

Das Vorwort von Redslob weist uns ausdrücklich auf die Wichtigkeit des Singens hin, indem es die oft beschworenen Ermahnungen im „Edlen Hirschgerechten Jäger" von Johann Wilhelm von Pärson, 1734, erneut aufgreift:

„Das Blasen wird abgewechselt, daß ein jedes Tun im Jagen seinen besonderen Ton hat, gleich als die Trompeter in ihren Feld-Stücken, was zu jedem Ton gehöret; also muß der Jäger solche Töne singen lernen, dann auf dem Horn sich exercieren. Das Blasen ist zu erlernen, daß er sich selbsten einen guten Ansatz zum Horn mache, die Töne erst auswendig lerne singen, denn sich im Blasen darauf stets üben; hat man aber einen der blasen kan, und ihm vorbläset, kan es desto besser gelernet werden."

Deutsche Jagdsignale
mit Merksprüchen

Gemeinsam herausgegeben
von Forstmeister Kurt Redslob
und Jägermeister Carl Clewing

Vierte Auflage

1937

Verlegt bei J. Neumann=Neudamm

Zum Geleit

Die Merksprüche wurden geschaffen zum leichteren Behalten der Jagdsignale.

Schon in Johann Wilhelm von Pärsons „Edlem Hirschgerechten Jäger", Leipzig 1734, findet sich im Anderen Teil im Kapitel „Vom Jagdhorn, wenn und wie dasselbe zu blasen?" auf Seite 76: „Das Blasen wird abgewechselt, daß ein jedes Tun im Jagen seinen besonderen Ton hat, gleich als die Trompeter in ihren Feld=Stücken, was zu einem jeden Ton gehöret; also muß der Jäger solche Töne vorsingen lernen, denn auf dem Horn sich exercieren. Das Blasen ist zu lernen, daß er sich selbsten einen guten Ansatz zum Horn mache, die Töne erst auswendig lerne singen, denn sich in Blasen darauf stets üben; hat man aber einen der blasen kan, und ihm vorbläset, kan es desto besser gelernet werden."

So lernten unsere Ahnen die Töne blasen. Wie leicht können jetzt unsere Jungjäger mit Hilfe der Merksprüche die Jagdsignale sich vorsingen, einprägen und dann blasen lernen!

Hardegsen (Solling), zur Zeit des Schnepfenstrichs 1936.

Waidmannsheil! Kurt Redslob

In einer bewegten Augustnacht, als der Wilde Jäger wieder einmal im Sturm übern Solling hetzte, saßen wir sicher im milden Schein der Röte in der „Sonne" zu Northeim und tauschten unsere Erfahrungen aus über die Singbarmachung der Horn=Fanfaren und =Totrufe durch Merksprüche.

Vor sieben Jahren hat Kurt Redslob zum erstenmal den Grundstock dieser Sammlung veröffentlicht; und seitdem hat er sich ständig der Weiterentwicklung seines Geisteskindes angenommen.

Aus waidgenössischem Gedankenaustausch ergab sich der Versuch einer Zusammenarbeit, deren erstes Ergebnis wir der Jägerschaft hiermit vorlegen wollen.

Hirschfelde in der Mark, zur Hirschbrunst 1937.

Waidmannsheil! Carl Clewing

In der Praxis konnten sich die Redslob'schen Texte gegenüber denen von Frevert schließlich nicht durchsetzen. Das mag durch Sprachei-gentümlichkeiten bedingt gewesen sein. Während die Sprache von Frevert sich neutraler Jagd- und Naturbezogenheit bedient, finden sich in den Versen von Redslob stark romantisch überbaute Formulierungen, die zur Zeit der Herausgabe des Buches bereits umgangssprachlicher Vergangen-heit angehört haben dürften.

Dazu kommt bei Redslob eine Beziehungsnahme auf völkisch-gesell-schaftliche Sprachbegriffe, wie etwa „deutschen Reiches Herrlichkeit" in Signal Nr. 2, – Begrüßung –, mit der sich die Texte an sich schon eine epochale Begrenzung auferlegten.

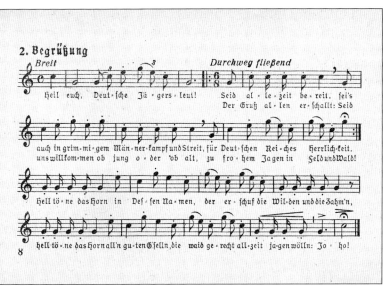

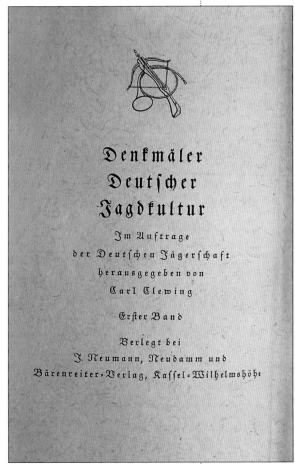

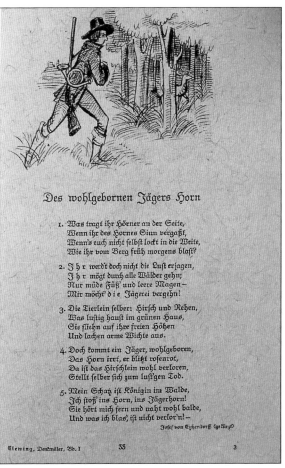

Titelblatt und eine Innenseite von Clewing:
Denkmäler Deutscher Jagdkultur

Das gemeinschaftliche Werk von Redslob/Clewing fand wenig Verbreitung und gehört heute zu den bibliophilen Raritäten.

Zum jagdmusikalischen Werk Clewings gehört weiter die Herausgabe einer mehrbändigen Reihe „DENKMÄLER DEUTSCHER JAGDKULTUR", deren erster Band, „MUSIK UND JÄGEREI" sich durch die künstlerisch feinsinnige Gestaltung und musikalische Reichhaltigkeit hervorhebt.

Ein besonderes Verdienst um den Bestand der Deutschen Jagdsignale hat sich Clewing durch die Komposition des Signals „Muffel tot" erworben, hier in der Originalfassung aus der ersten Ausgabe „Deutsche Jagdsignale" von Redslob/Clewing, 1937:

Seine Einführung des Taschen-Jagdhorns wird nachfolgend gesondert behandelt.

Signal „Muffel tot",
von Clewing komponiert

Nebenformen des Fürst-Pless-Horns

Es gibt zwei Signalinstrumente, gleichfalls in der Stimmung B, die im Jagdbetrieb zum Teil bis heute neben dem Fürst-Pless-Horn Verwendung finden: das „Volpersdorfer Horn" und das „Clewing'sche Taschenhorn".

Frevert erwähnt sie schon in der ersten Auflage seines Werkes über das jagdliche Brauchtum 1936. Interessant ist zu lesen, wie er über das Volpersdorfer Horn und dessen Gebrauchswert reale Aussagen macht – weil er es aus der Praxis kannte – sich zu dem Clewing'schen Modell, das noch nicht erprobt existierte, aber auf euphorische Spekulationen einlässt, die sich eigentlich nur aus dem damaligen Bekanntheitsgrad und Einfluss Carl Clewings als „Reichs-Jagdmusik-Beauftragter" erklären lassen. Frevert schreibt:

„Die gebräuchlichsten Jagdhörner sind heute das Pleßhorn in B oder das Wolpersdorfer[7]) Jagdhorn in Taschenformat. Andere Jagdhörner anzuschaffen oder zu führen hat nur Zweck, wenn man allein bläst. Will man zu Mehreren Signale blasen, vor allem beim Verblasen der Strecke kommt dies in Frage, dann passen die Hörner nicht zusammen. Es ist daher zur Herbeiführung der Einheitlichkeit grundsätzlich zu empfehlen stets ein Original-Pleßhorn in B zu führen. Das Wolpersdorfer Horn ist zwar bequemer zu tragen aber es dringt auch lange nicht so weit, wie das Pleß'sche. Demnächst wird außerdem dem Jäger ein Taschenhorn zur Verfügung stehen, welches die klassische

„Das Volpersdorfer Jagdhorn"
Signatur:

> Forstmstr. Schulz
> Volpersdorfer
> Jagdhorn
> Friedrich Gessner
> Instrumentenfabrik
> Breslau

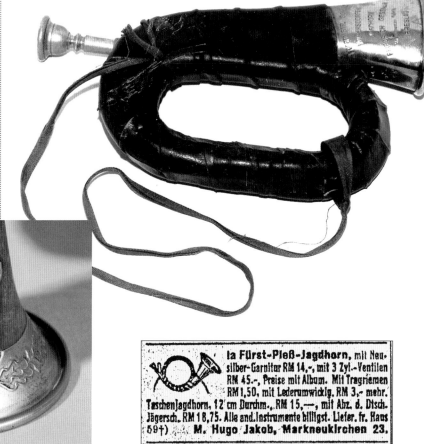

Schallbechergestaltung am
„Clewing'schen Taschenhorn"

Polnischer Wildmeister mit Jagdhorn
vom „Volpersdorfer" Bautyp, Urwald
und Wisent-Reservat Bialowieza, 1929
Archiv: Forstdirektion Bialowieza

kreisrunde Form des Jagdhorns hat und dabei so erstaunlich klein und zierlich ist, daß es die helle Freude des Jägers erweckt, der es zum ersten Male sieht; es wiegt 200-250 g, sein größter Windungsdurchmesser ist 10 cm, es läßt sich also bequem in jeder Rocktasche unterbringen. Im Preise wird es sich nicht höher stellen als ein Pleßhorn. Dabei steht das kleine Horn in der gleichen B-Stimmung wie das Pleßhorn. Es handelt sich hierbei nicht etwa um eine neue Erfindung, sondern um ein ehrwürdig altes Horn, dessen Wiedererweckung wir Professor Clewing, dem Jagdmusikbeauftragten des Reichsjägermeisters, verdanken, der dieses Horn in der staatlichen Sammlung alter Musikinstrumente entdeckte.“

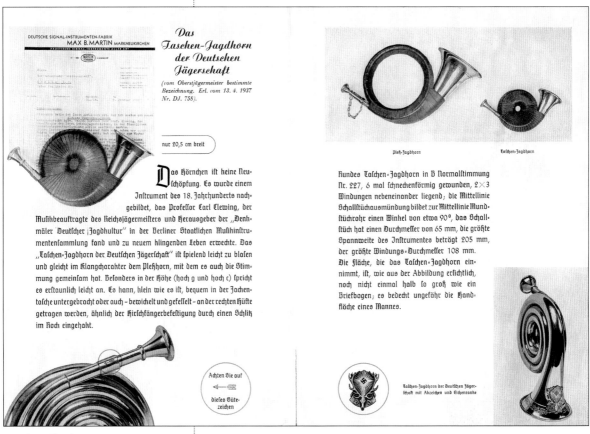

Katalog Clewing-Horn
Archiv Max B. Martin KG

Um welches alte Horn es sich bei dem Vorbild zum Taschen-Jagd-horn gehandelt haben mag, ist aus den zeitgenössischen Quellen nicht mehr zu erfahren. Kriegsverluste, speziell bei den Sammlungen in Berlin haben Lücken hinterlassen, die einen erneuten Vergleich mit dem eventuellen Vorbildstück verwehren. [8]

Umso größer ist das Verdienst Clewings, durch sein Nachbau-Projekt eine alte Instrumentenform bis in unsere Zeit erhalten zu haben.

Das Clewing'sche Taschenhorn heutiger Fertigung ist jedem Jäger ein Begriff. Von der Originalausgabe 1936 sind nur noch wenige Exemplare auffindbar. Die kleinen Hörner gab es mit sehr schön verziertem Schallbecherkranz, auf dem sich eine Eichenlaub-Girlande und das Emblem der „Deutschen Jägerschaft" befanden, beides erhaben aus dem Metall geprägt.

Die ersten Hörner mit dieser Austattung sind durch die Firma Max B. Martin gefertigt worden. Wahrscheinlich ist während der Dauer des Dritten Reiches keine große Zahl dieser Instrumente mehr entstanden, denn ab 1937 war die Industrie schon mit Rüstungsaufträgen befasst. Zudem hat das Taschenhorn mit dem kleineren Ton, trotz seiner vielfachen Belobigung in den Angebotslisten, nicht die Verbreitung gefunden, die sich sein Initiator gewünscht hätte. Tatsächlich konnten weder das Volperdorfer noch das Clewing'sche Horn jemals als ernsthafter Ersatz für das Fürst-Pless-Horn angesehen werden.

Das hat vor allem musikalische Gründe. Im Tonvolumen und der Tragweite fallen sie gegenüber dem Fürst-Pless-Horn stark ab. Auf beiden Instrumenten ist der Grundton instabil und klingt matt. Durch die – wegen der Kleinbauweise – relativ enge Mensurführung gelingt es an keiner Stelle der Naturtonreihe, eine genügend starke Resonanz aufzubauen, um tragfähige Signaltöne zu erreichen. Instrumentenbautechnisch ist das Clewing'sche Taschenhorn noch weniger ein wirkliches Horninstrument als das Volpersdorfer. Ihm fehlt der für Hörner typische, konische Mensurverlauf fast gänzlich. Lediglich die letzten 27 cm des Schallstücks sind konisch angelegt. Das Volpersdorfer Horn entstammt einer Instrumentenpalette, die von verschiedenen Herstellern zum Ende des 19. Jahrhunderts als Jagdhörner angeboten wurden. Es ist der dreiwindige, kompakte Bautyp eines militärischen Signalhorns mit einem stumpf auslaufenden, jedoch relativ weiten Schallbecher.

Während man heute kaum noch eines dieser Hörner zu sehen bekommt, muss es am Anfang unseres Jahrhunderts verbreiteter gewesen sein. So erscheint es zum Beispiel auf dem 1929 entstandenen Bild als Dienstausstattung eines polnischen Jagdbeamten im staatl. Wisent-Reservat Bialowieza.

Entwicklungen in der Gegenwart

Die Zwangspause der Notzeit nach dem Zweiten Weltkrieg ließ zunächst keinen Raum für Dinge, die nicht direkt mit der Sorge für das tägliche Überleben zu tun hatten. Die Jagdausübung war für Deutsche über Jahre nicht möglich, sie lag in den Händen der Besatzungsmächte. Als aber die Rückgabe der Jagdverwaltung an die deutschen Behörden erst wieder erfolgt war, erlebte das Jagdhornblasen einen Aufschwung, wie es ihn vorher noch nicht gegeben hatte.

Es breitete sich eine sehr ursprüngliche und spontan wachsende Freude an den Tönen des Jagdhorns aus, die sich in der Bildung von

Bläsergruppen und der Organisation von Freundschaftstreffen mit Wettbewerben niederschlug.

Eine bemerkenswerte Breitenarbeit in den Jägerschaften erzeugte neue musikalische Ausdrucksformen und ein hohes bläserisches Niveau. In besonderen Kapiteln des Buches soll diese Entwicklung eine Würdigung durch Autoren erfahren, die mit leitender Tätigkeit direkt daran beteiligt waren.

Für das Instrument „Fürst-Pless-Horn" ergab sich aus dem „neuen Aufschwung" eine zwiespältige Situation. Die Hersteller reagierten auf die erhöhte Nachfrage unterschiedlich. Einerseits wollte man die Teilnehmer an Bläserwettbewerben und ehrgeizige Solisten mit dem Besten bedienen, was man machen konnte, andererseits war es auch wichtig, am Massengeschäft teilzuhaben, d.h. die zahlreichen neu entstehenden Bläsergruppen mit Serienprodukten zu Niedrigpreisen anzulocken.

So wurde das seit etwa 1930 ziemlich einheitlich gebliebene, rundherum gut brauchbare Fürst-Pless-Horn erneut einer Entwicklung unterworfen, die es eigentlich längst hinter sich und keinesfalls mehr nötig hatte.

Fürst von Pless hatte bei seiner Suche nach einem einheitlichen Jagdhorn vor einer Vielfalt von Hersteller-Angeboten gestanden. Aus ihnen die bestmöglichen Eigenschaften für die Jagd zu Fuß zusammenzustellen, war seine Idee. Die Suche in der Produktpalette von Jagd und Militär führte – so die zeitgenössischen Berichte – über seine bläserischen und jagdlichen Kenntnisse sowie die Beratungen durch prominente Baumeister zum „Fürst-Pless-Horn".

Ein Zeitlang gab es noch voneinander abweichende Hornmodelle im Jagdbetrieb, mit dem Beginn der Produktionsübernahme durch die großen, im Signalhornbau erfahrenen Firmen, kam es aber immer mehr zu einem gehobenen, gleichmäßigen Qualitätsniveau beim Bau des Fürst-Pless-Horns.

In keiner der alten Firmen lief das Pless'sche Horn jedenfalls als „Abfallprodukt" am Rande mit, wie wir es ausgerechnet in unserer Zeit – der jüngsten Blüte jagdlichen Blasens – hinnehmen müssen.

Besonders zum Ende der sechziger Jahre erschienen auf dem Markt Billighörner aus gedrückten Röhren, bei denen jeder Zentimeter im Rohrverlauf eine andere Wandungsstärke und Spannung aufweist, das Schallstück gerade 14 cm lang und unter der Bewicklung aus Plastik grobkantig angelötet ist – mit spärlichem Nickelrand. So etwas liegt wohl ein beachtliches Stück abseits des Weges, den Fürst von Pless dem Horn wünschen konnte.

Eine andere Variante in unserer Zeit, das „Solohorn für höchste Ansprüche" (Katalog-Werbung), zum Preise eines guten Konzertinstruments, ist aber mindestens genauso weit von der Idee des jagdlichen Brauchtums entfernt. Schon wegen der besonderen Dünnwandigkeit und sonstiger Empfindlichkeiten, die mit einem „Meisterinstrument" verbunden sind, ist es für den normalen Jagdbetrieb ziemlich ungeeignet.

Zum Glück gibt es dazwischen auch die Normalität – das solide Gebrauchshorn, das man ohne schützendes Futteral durch die Landschaft tragen kann, das so geblieben ist wie zur Anfangszeit und in keiner der beschriebenen Richtungen eine neue Sonderentwicklung durchmachen musste.

Winterliche Fütterung der Wildschweine in der Schrofheide.
Nach einer Skizze von E. Hosang gezeichnet von A. Richter.

[1] The New Langwill, a.a.O., S. 170

[2] B. Pompecki, Jagd-und Waldhornschule, a.a.O., S. 24

[3] C.A. Wunderlich, Verkaufskatalog, a.a.O., S. 46

[4] Vergl. W. Benzel, Wild und Hund, 1969, S. 170

[5] Vergl. Herbert Heyde, Hörner und Zinken, VEB Deutscher Verlag f. Musik, Leipzig 1982, S. 212.

[6] Auskunft seitens der heutigen Firmenleitung

[7] Frevert schreibt entgegen der Originalsignierung auf dem Instrument: „W" statt „V" bei „Volperdorfer". Frevert, Das jagdliche Brauchtum. a.a.O., S. 66/67.

[8] Auskunft v. 22.6.99 durch Staatl. Institut für Musikforschung, Preußischer Kulturbesitz, Musikinstrumentenmuseum, Berlin.

Zur Auswahl des eigenen Horns

einrich Jakob [1]) schrieb 1937 zu diesem Thema seine Erfahrungen auf, die in ihren Grundzügen bis heute Bestand behalten haben. Seine instrumentenkundlichen Darstellungen fußen auf den Vorarbeiten von Pompecki [2]) aus dem 19. Jahrhundert und werden bei Karstädt, 1964 [3]), in ihrem aktuellen Bestand für die neue Zeit bestätigt.

Besonders die Schlüsselfrage: „Was ist es denn nun, unser Fürst-Pless-Horn, eigentlich gar kein Horn, sondern eher eine Trompete?" findet bei Jakob und Karstädt besondere Beachtung. Jakob schreibt zum Instrumententyp Pless-Horn:

„*Es entspricht nach der Bemessung (Mensur) des Schallkörpers einem Signalhorn oder einem Flügelhorn. Es wäre zu wünschen, dass alle Instrumentenbauer das Plesshorn als Flügelhorn ausführten, da dessen Klang weicher und runder ist als der des Signalhorns.*"
(Dabei ist mit „Signalhorn" die damals noch in verschiedensten Bereichen verwendete eng-gebaute zweiwindige Militärhornform gemeint.)

Karstädt ergänzt dazu: „*Schon die Wahl des Mundstücks bietet eine Möglichkeit entscheidender Veränderung der Klangfarbe. Das Flügelhornmundstück mit seiner tieferen trichterförmigen Bohrung mäßigt die*

Buchdeckel:
Heinrich Jakob, So blasen die Jäger

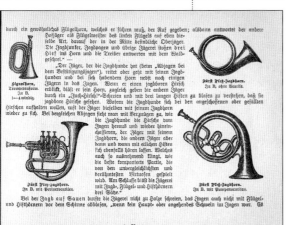

Bernhard Pompecki war einer der besten Jagdmusik-Kenner am Beginn des 20. Jahrhunderts.
In seiner Jagd- und Waldhorn-schule *(hier 2. Aufl. 1926) legt er eine detaillierte Beschreibung der Horninstrumente und ihres Gebrauchs vor. Auf der oben abgebildeten Seite gibt er die von Flemming'schen Darstellungen über die Benutzung von Hift-und Flügelhörnern wieder.*

Schärfe des Tones gegenüber dem flachen trompetenartigen Kesselmundstück. Es gehört zum Wesen der Horninstrumente, dass sie einen weicheren und wärmeren Klang besitzen zum Unterschied zu dem helleren und schärferen der Trompete. Diesen andersartigen Ton des Jagdhorns sollten die Jäger pflegen und dem Instrument auf diese Weise seinen durchaus eigenen Charakter bewahren."[4]

Was bleibt nun für heute als Ratschlag bei der Suche nach einem rundherum praktischen und gut blasbaren Signalhorn, dem Fürst-Pless-Horn, das sein Urheber angestrebt hat?

Manche Anregung dazu wird besonders im technischen Bereich der anschließende Bericht von Dr. Klaus Wogram mit den Untersuchungen in der Phys.-technischen Bundesanstalt Braunschweig geben können.

Nach den eigenen Untersuchungen an vielen gut klingenden Instrumenten durch die gesamte Entwicklungzeit des Fürst-Pless-Horns wäre dieses eine grundsätzliche Empfehlung: Ein Fürst-Pless-Horn ist gut, wenn es eine ausgewogene, überwiegend horntypische Mensur aufweist, dabei stabil und handwerklich exakt gebaut ist.

Herausfinden kann man diese Qualitätsmerkmale nur durch praktisches Ausprobieren. Selbst dem besten Meister gelingt nicht jedes Horn gleich gut – oder für jeden Bläser gleich gut passend.

Die spezielle Tonfärbung eines Instruments ist zudem eine individuelle Geschmacksfrage.

Es ist also nicht unbedingt der sicherste Weg, sich einen angesehenen Hersteller herauszusuchen, bei ihm nach Liste zu bestellen – womöglich noch mit individueller Sonderausstattung – und dann zu erwarten, dass unbedingt das persönliche „Spitzenhorn" eintrifft.

Der erfahrene Hersteller wird davon abraten, das Instrument vor dem Anblasen z. B. mit Gravuren oder anderen Extras zu versehen, die eine eventuelle Rückgabe ausschließen. Er wird eine Probezeit einräumen und für ein musikalisch nicht zufriedenstellendes Instrument wenn möglich Ersatz liefern.

Gut blasende Hörner sind zuweilen sehr unscheinbar. Sie verraten ihre „inneren Werte" nicht unbedingt durch ein ansprechendes Äußeres. Deshalb sollte sich die optische Untersuchung nur auf bautechnische Merkmale konzentrieren, soweit sie erkennbar sind, und sich nicht durch eine gefällige Ausstattung oder schmückendes Beiwerk ablenken lassen.

Am besten ist es immer, eine größere Anzahl von Instrumenten zum Probieren vorzufinden. So etwas gelingt vorzugsweise auf Messen oder

Mundstücke, auf historischen Fürst-Pless-Hörnern gefunden

Von links:
· *Mundstück aus Büffelhorn*
· *Mundstück mit engem Schaft, schmalem Rand und tiefem Trichter, aus dem Militärbereich, von Kornett- Instrumenten stammend, ca. 1870*
· *Flügelhornmundstück aus der Zeit vor dem Entstehen des Fürst-Pless-Horns, ca 1840*
· *Für Fürst-Pless-Hörner entwickeltes Mundstück, um 1900*
· *Spezialmundstück aus 800er Silber, Waldhorncharakteristik, Schaft für Fürst-Pless-Horn ausgebaut, um 1930*

Bläsertreffen, wo mehrere Hersteller und Händler vertreten sind. Nachteilig ist bei solchen Gelegenheiten allerdings, dass man kaum die Ruhe und Abgeschiedenheit findet, um wirklich exakt probieren zu können. Für das Gewinnen einer Übersicht und Vororientierung sind die Stände von Anbietern am Rande von Großveranstaltungen aber äußerst nützlich.

Findet man einen Instrumentenbauer oder Händler, der eine größere Palette von Hörnern vorlegen kann, und dazu auch einen Raum zum konzentrierten Probieren anbietet, so ist dies die empfehlenswerte Situation.

Auf alle Fälle sollte eine erwählte Lieferfirma, die so etwas bietet, dann direkt aufgesucht werden, damit während oder nach dem Probieren der Instrumente gleich Wünsche oder Beanstandungen geäußert werden können.

Der häufig gewählte Weg des Zuschickens von Probe-Instrumenten hat große Nachteile. Einmal kann man nicht verlangen, dass der Hersteller alles schickt, was er zur Verfügung hat – man muss sich also auf seine Vorauswahl verlassen, ohne dass er die bläserische Ambition seines Kunden kennt – zum andern kann man klangliche Beanstandungen nur sehr schwer fernmündlich oder schriftlich erklären.

Beim Ausprobieren mehrerer Instrumente nebeneinander ist es anzuraten, dass man diese übersichtlich vor sich hinlegt, zu jedem ein Blatt Notizpapier. Dann nimmt man sich kurze musikalische Formen vor, Einzeltöne, Quinten, Terzen, Oktaven, die auf den einzelnen Instrumenten nacheinander in gleicher Weise angeblasen werden. Für jedes Instrument wird auf dem zugehörigen Notizblatt unmittelbar nach dem Blasversuch ein Vermerk über den individuellen Eindruck vorgenommen. Auf eine Phase des Blasens soll eine längere Pause folgen, man vergleicht die Notizen, lässt alles nochmals innerlich auf sich einwirken und versucht schon, die angenehm erscheinenden Instrumente von den weniger passenden zu trennen. Mit den „innerlich" akzeptierten Hörnern macht man – inzwischen eingeblasen – einen weiteren Versuch und verwendet dabei anspruchvollere musikalische Figuren.

Wenn schließlich der Eindruck entsteht, dass längere Passagen, ganze Signale, sich gefühlsmäßig auf einzelnen Instrumenten besonders angenehm blasen lassen, lässt man sich diese Instrumente reservieren und probiert sie nach einer längeren Entspannungspause (eine bis zwei Stunden) nochmals.

Nach dieser Methode sucht ein Kenner sein Instrument aus. Er findet

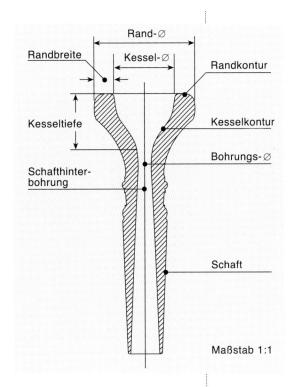

Rand-⌀

Randbreite

Kessel-⌀

Randkontur

Kesseltiefe

Kesselkontur

Bohrungs-⌀

Schafthinter-
bohrung

Schaft

Maßstab 1:1

Für Fürst-Pless-Hörner zu empfehlen-
der Mundstücktyp mit trichterförmig
vertieftem Kessel
Schnittzeichnung: D. Schormann

dabei nicht das objektiv beste Horn, aber das individuell passendste, und darauf kommt es letztlich an.

Der bläserische Anfänger muss sich auf das Erproben durch einen Experten verlassen, der dann mit Sicherheit ein gutes Instrument herausfindet aber nicht unbedingt das optimalste für seinen Schützling. Denn dessen Eignung für einen speziellen Instrumententyp wird erst erkennbar, wenn seine Ansatzkraft voll ausgebildet ist.

Bei all diesen Erwägungen und Ansprüchen sollte aber nicht der Blick dafür verloren gehen, dass das jagdliche Brauchtum dem Fürst-Pless-Horn schließlich nur fünf gut klingende und weittragende Töne abverlangt!

Ein Horn, das diese überzeugend wiedergibt und einen soliden Eindruck erweckt, ist ein rundum brauchbares Jagdgerät!

Jedes „Mehr" darf willkommen sein, hat mit den Ansprüchen des Jagdbetriebs und der Grundidee des „Fürst-Pless-Horns" aber nichts zu tun.

Die Besonderheit des notierten hohen „a", zum Beispiel, das nur in „Das hohe Wecken" als kurze Durchgangsform vorkommt, kann als Signalton vernachlässigt werden. Man braucht nicht herumzuprobieren, ob ausgerechnet dieser Ton auf einem Horn besonders gut klingend herauskommt. Er weicht sowieso von der Notierung als unkorrekt ab, weil er in Wirklichkeit ein „b" ist. Das saubere Ansprechen des hohen „c" wäre eine sehr wünschenswerte Beigabe.

In der Jagdgebrauchsmusik ist es aber nicht vorgesehen, dient also bestenfalls der Ausschmückung von Vortragsstücken oder zum Herausstellen einer guten bläserischen Befähigung.

[1] Heinrich Jakob, Anleitung zum Jagdhornblasen, Nachdruck der Erstausgabe „So blasen die Jäger", 1937, Paul Parey, 1982, S. 6 ff.
[2] Bernhard Pompecki, „Jagd-und Waldhornschule", J. Neumann-Neudamm, 2. Aufl., 1926.
[3] Georg Karstädt, „Laßt lustig die Hörner erschallen", Paul Parey, 1964

Klaus Wogram

Zur Akustik des Fürst-Pless-Horns aus physikalischer und bläserischer Sicht

B lechblasinstrumente erfreuen sich ganz allgemein einer großen Beliebtheit und Verbreitung. Sie werden in sehr vielfältiger Bauform und für die unterschiedlichsten Zwecke eingesetzt. Der Grund dafür ist vor allem darin zu suchen, dass Blechblasinstrumente relativ leicht zu erlernen sind, und der Anschaffungspreis im Vergleich zu Streich- oder Tasteninstrumenten auf einem niedrigeren Niveau liegt.

Meistens erhält der musikinteressierte Schüler ein Instrument von seinem Lehrer und beginnt mit den Übungen, ohne über die physikalischen Vorgänge im Instrument informiert zu werden. Gewiss, es gibt auch Ausnahmen, aber das Gros der Blechbläser hat sich niemals Gedanken darüber gemacht, wie ihr Instrument eigentlich „funktioniert" und warum Töne besser ansprechen als andere oder wie die einzelnen Ventilzuglängen bestimmt sind.

Die Kenntnis der physikalischen oder musikalisch akustischen Zusammenhänge ist nun aber für ein erfolgreiches Spiel auf Blechblasinstrumenten nicht unbedingt erforderlich; es geht auch ohne! Doch die Kenntnis kann helfen, manches Problem im Bläseralltag leichter zu bewältigen und den eigenen Schulungsfortschritt zu verbessern. Das gilt auch für die Nutzer der Jagdhörner, zu denen sich der einzelne Bläser aus Freude an der Musik oder als Ergänzung zu seiner jägerischen Passion hingezogen fühlt.

So soll im folgenden Kapitel ein grober Überblick über die akustischen Vorgänge im Fürst-Pless-Horn gegeben werden. Es schließt sich ein Kapitel an, das der Praxis gewidmet ist und tägliche Fragen aus dem bläserischen Alltag behandelt.

Akustische Grundlagen

Das Schallsignal, das wir als Zuhörer eines Hornes wahrnehmen, ist eine akustische Welle, die von der vorderen Trichteröffnung des Instrumentes, der sogenannten Stürze, in den Raum wandert. Dieses Schallsignal ist nun immer ein Drucksignal, das man als Folge von Überdruck- und Unterdruckwerten ansehen kann. Es breitet sich in der Luft als elastisches Medium aus, indem jedes aktivierte Luftmolekül seine Nachbarmoleküle anstößt und somit die in der Schallwelle enthaltene Information weitergibt. Doch wie ist der Schall in das Instrument hineingekommen, wie breitet es sich in der Instrumentenröhre aus, wie wird es von der Stürze abgestrahlt und von welchen weiteren Parametern hängen die klanglichen und spieltechnischen Eigenschaften des Instrumentes ab? Die folgenden sieben Unterkapitel sollen eine Antwort auf diese Fragen geben.

Klangerzeugung

Das Fürst-Pless-Horn ist zunächst einmal eine aus Messingblech hergestellte Röhre, die an beiden Enden offen ist. Einen Klang oder Ton kann dieses Gebilde allein aber nicht produzieren, dazu ist im Gegensatz zu allen anderen Musikinstrumenten der Spieler erforderlich. Er lässt seine Lippen vibrieren und moduliert dadurch den durch die Lippen hindurchtretenden Luftstrom. Diese Modulation muss man sich wie ein sehr schnelles An- und Abschwellen der Strömung vorstellen. Damit gehört aber das klangbildende Teil eines Hornes nicht zum Instrument, wie z. B. die Gitarrensaite oder das Klarinettenblatt sowie bei allen anderen konventionellen Instrumenten, sondern eigentlich zum Bläser. Er allein bestimmt die Voraussetzungen für einen sauberen Ton und eine ansprechende Klangfarbe! Das Instrument kann nur Hilfsmittel bei der Realisierung des musikalischen Produktes sein.

Presst man die Lippen ohne Verwendung eines Mundstückes und Hornes aufeinander und drückt die Atemluft von innen gegen die Lippen, dann werden diese dem Druck plötzlich nachgeben und die im Mund angestaute Luft entweichen lassen. Damit nimmt aber auch die von innen wirkende Kraft auf die Lippen, die ja eine Art Schleusenfunktion ausüben, plötzlich ab, wodurch sich die Lippen wieder schließen können. Dieser Vorgang, der für einen bläserischen Anfänger höchst mühsam (aber sehr nützlich!) ist, wiederholt sich in einer Sekunde vielmals, und es entsteht ein Geräusch, das sich wie ein Summen oder Säuseln anhört. Auf jeden Fall ist es selten zeitstabil und sehr geräuschhaft. Man kann ihm zwar eine gewisse Tonhöhe zuordnen, doch als reiner Klang kann dieses Geräusch nicht bezeichnet werden.

Führt man nun seine vibrierenden Lippen mit dem modulierten Luftstrom an den Mundstücksrand des Hornes, dann entsteht plötzlich ein Hornton, der aber oftmals eine abweichende Tonhöhe gegenüber dem anfangs geblasenen aufweist. Der Grund liegt in der Rückkopplung der akustischen Resonanzen der Luftsäule im Horn auf die schwingenden Bläserlippen. Denn nur wenn die Tonhöhe des „gesummten" Lippentones mit einer der zahlreichen Resonanzfrequenzen des Instrumentes übereinstimmt, entsteht ein stabiler, d. h. zeitlich nicht schwankender Ton auf dem Horn.

Resonanz und Stehende Wellen

Der durch die Bläserlippen hindurchtretende Luftstrom verursacht Über- und Unterdruckschwankungen, die einander folgen und somit eine Schallwelle darstellen. Diese Schallwelle wird nun durch das Mundstück und die anschließende konische Messingröhre gebündelt und breitet sich mit Schallgeschwindigkeit von ca. 340 m/s in der inneren Luftsäule aus. Bei einem Fürst-Pless-Horn in B mit einer Rohrlänge von ca. 1,35 m braucht der Schall also 1,35 : 340 = 0,004 s, das sind 4 Tausendstel einer Sekunde oder 4 ms (Millisekunden), bis er an der Stürze angekommen ist.

Hier ändert sich aber die Ausbreitungsbedingung für den Schall abrupt, denn die seitliche Führung durch die Rohrwandung fällt plötzlich weg. Das hat zur Folge, dass der Schall mit negativem Vorzeichen reflektiert wird. Ein positiver *Über*druckimpuls (Halbwelle), der an der Stürze ankommt, wird dort mit -1 reflektiert, d. h. er wird zu einem *Unter*druckimpuls und wandert mit unveränderter Amplitude (Stärke) zum Mundstück zurück. Er braucht dafür wiederum ca. 4 ms, sodass man sagen kann, dass ein Signal als Echo nach 2 x 4 ms = 8 ms an den Ursprung zurückgekommen ist. Wenn dieses Echo nun mit einem neu eintretenden *negativen* Druckimpuls zusammentrifft, dann addieren sich beide, und es entsteht ein verstärkter Unterdruckimpuls, der wiederum zur Stürze wandert. Er wird dort wiederum in einen *Über*druckimpuls umgewandelt und sollte nach Rückkehr zum Mundstück im Idealfall mit einem neu eintretenden positiven Druckimpuls zusammentreffen, so dass auch hier eine Verstärkung auftritt. Obwohl dieses Hin- und Herschwingen oftmals sehr schnell, nämlich viele hundert Male pro Sekunde abläuft, kann man es in Zeitlupe mit einem Vorgang vergleichen, bei dem ein Tennisspieler den elastischen Ball immer wieder gegen eine harte Mauer schlägt. Trifft der Spieler den Ball immer im rechten Zeitpunkt seines Rückspringens, dann pendelt sich eine gleichförmige Hin- und Herbewegung des Balles ein. Diesen Vorgang nennen wir Resonanz. Der Resonanzzustand wird immer dann erreicht, wenn man zur Aufrechterhaltung eines periodischen Vorganges (hier Schwingung) ein Minimum an Energie benötigt.

Bei dem Fürst-Pless-Horn ist das nicht anders. Erhält das rücklaufende Schallsignal immer wieder einen erneuten Anstoß am Mundstück, dann pendelt der Schall zwischen Lippen und Stürze hin und her, und es entsteht eine Resonanz von ungefähr 118 Hz (Hz = Hertz = Schwingungen pro Sekunde). Dieses ist die Grundresonanz des Hornes. Doch es gibt noch weitere. Wartet der Bläser mit der Generierung eines neuen Signales aber nicht so lange, bis das erste Echo von der Stürze zurückgelaufen ist, sondern schickt schon viel früher ein neues Signalpaket in das Instrument, dann findet er immer dann einen Resonanzzustand vor, wenn sein neues Signal mit irgendeinem Echo von einem früheren Eingangsimpuls zusammentrifft.

Es ist nun leicht einzusehen, dass dieser Fall immer dann auftreten kann, wenn das neue Signal mit den 1. Echo, dem 2. Echo, dem 3. Echo usw. zusammenfällt. Dementsprechend werden sich auch Resonanzfrequenzen ergeben, die in erster Näherung die doppelte, die dreifache, vierfache usw. Frequenz der Grundresonanz aufweisen.

Abb. 1 *Resonanzkurve eines Fürst-Pless-Horns von Franz Hirschberg, gemessen mit Mundstück von A. Semel*

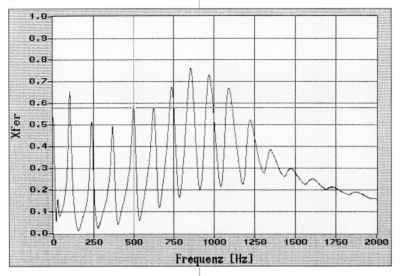

In Abb. 1 ist die Resonanzkurve eines Fürst-Pless-Hornes von Franz Hirschberg wiedergegeben, wie sie sich in der Lippenebene des Spielers darstellt. Die Kurve zeigt damit genau die akustischen Verhältnisse, die der Bläser mit den Lippen „spürt". Wir sehen, dass es uns als Hornbläser möglich sein wird, die als Resonanzspitzen gekennzeichneten Töne auf dem Instrument zu spielen, indem wir „nur" die Lippenspannung – und damit die Frequenz – jeweils vervielfachen. Ein versierter Spieler erzeugt damit auf einem Horn ohne Ventile ca. 12 Töne, deren Frequenzen nahezu einer ganzzahligen Reihe zugeordnet sind. Bei einem realen Horn in B-Stimmung sind das Töne mit einem Vielfachen von 118 Hz, der Frequenz der tiefsten Resonanz (Ton B). Die Reihe ergibt sich dann zu:

Nr. 1	Ton B	mit	118 Hz
Nr. 2	Ton b	mit	236 Hz
Nr. 3	Ton f	mit	354 Hz
Nr. 4	Ton b1	mit	472 Hz
Nr. 5	Ton d2	mit	590 Hz
Nr. 6	Ton f2	mit	708 Hz
Nr. 7	Ton as2	mit	826 Hz
Nr. 8	Ton b2	mit	944 Hz
Nr. 9	Ton c3	mit	1062 Hz
Nr. 10	Ton d3	mit	1080 Hz
Nr. 11	Ton e3	mit	1198 Hz
Nr. 12	Ton f3	mit	1416 Hz

Man kann sich vorstellen, dass während des Anblasprozesses eine Vielzahl von Überdruck- und Unterdruck-Wellenanteilen mit Schallgeschwindigkeit in der Luftsäule hin- und herwandern; an jedem Ort entlang dem Rohr kann man deshalb ein resultierendes Schallsignal finden, das sich aus der Überlagerung der hin- und herlaufenden Teile ergibt. Im Resonanzfall folgt die Amplitude dieses Signales auf der Rohrachse einer wellenförmigen Kurve, die einzelne Maxima und Minima aufweist. Diese Wellenkurve des Schalldruckes nennen wir eine „Stehende Welle", die auch leicht zu messen ist, wenn man beim Anblasprozess ein kleines Mikrofon die Rohrachse entlang führt.

In Abb. 2 sind die stehenden Wellen für die drei tiefsten Resonanzen eines Blechblasinstrumentes wiedergegeben.

Allen stehenden Wellen, die ja nur im Resonanzfall auftreten, ist gemeinsam, dass sich an den Bläserlippen immer ein Schalldruckmaximum (Bauch) und am offenen Trichterende immer ein Schalldruckminimum (Knoten) ausbildet. Dazwischen verläuft die Amplitude der stehenden Welle sinusähnlich mit zusätzlichen Bäuchen und Knoten entspre-

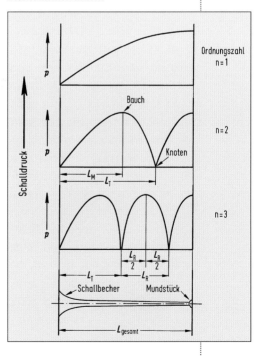

Abb. 2 *Stehende Wellen in einem Blechblasinstrument*

chend der Ordnungszahl. Die Grundresonanz (Nr.1) besitzt nur 1 Bauch (Mundstück) und 1 Knoten (Stürze), die 5. Resonanz dagegen 5 Bäuche und 5 Knoten. Wie wir später noch erfahren werden, hat die Lage dieser stehenden Welle den wesentlichen Einfluss auf die Intonationslage der einzelnen Resonanzen und damit auch auf die einzelnen Naturtöne.

Schallabstrahlung

Wie eingangs erläutert, wandert die Schallwelle von den Bläserlippen aus die Luftsäule entlang bis zur Stürze und wird dort reflektiert. Das stimmt aber nur teilweise, denn die Stärke dieser Reflexion ist von der Tonhöhe, also der Frequenz abhängig. Tiefe Frequenzen werden nahezu zu 100 % reflektiert, der Schall verbleibt deshalb nahezu vollständig im Rohr und bewirkt eine kräftige Resonanz. Mit steigender Frequenz sinkt aber der Reflexionsfaktor immer weiter ab, sodass bei den höchsten Lagen – beim Fürst-Pless-Horn oberhalb ca. 1.500 Hz – sämtlicher Schall in den Außenraum abgestrahlt wird. Das hat zur Folge, dass sich keine deutlichen Resonanzen mehr ausbilden können, wie man auch aus Abb. 1 erkennen kann. Der Bläser hat es deshalb in dieser hohen Lage besonders schwer, stabile Töne zu erzeugen, während andererseits die hohen Teiltonkomponenten der üblichen Blechblasinstrumentenklänge besonders gut abgestrahlt werden und damit die typische Klangfarbe dieser Instrumentenfamilie ausmachen. Aus diesem Grunde kann man bereits aus der Resonanzkurve ablesen, wie gut die Ansprache ist und wie die Klangfarbe ausfallen wird.

Für alle Blechblasinstrumente gilt, dass der Schall bevorzugt im hohen Register abgestrahlt wird und die tiefen Resonanzen immer kräftiger ausgebildet sind als die höchsten. Im Mittelbereich kommt noch der Einfluss des Mundstückes dazu, das durch seine eigenen Resonanzen zu einer Verstärkung der Instrumentenresonanzen führt. In dem Beispiel der Abb. 1 liegt dieser Resonanzbereich um ca. 1.000 Hz; hier liegt die Grundresonanz des verwendeten Mundstückes.

Die Stärke der Schallabstrahlung an der Stürze sowie seine Richtung hängt in erster Linie von dem Durchmesser der Stürze ab. Bei den Abmessungen der üblichen Fürst-Pless-Hörner werden die tiefen Tonkomponenten nahezu kugelförmig, d. h. ungerichtet, abgestrahlt, während die höheren Teiltöne eine zunehmende Bündelung in Rohrachse erfahren. Diese Charakteristik ist vergleichbar mit derjenigen eines Lautsprechers, der ja auch eine schärfere Richtcharakteristik bei höheren Tönen zeigt als bei tiefen. Da die höheren Komponenten des Schalles aber in denjenigen Bereich hineinfallen, in dem das menschliche Gehör seine höchste Empfindlichkeit besitzt (ca. 3.000 Hz), empfindet der Zuhörer das Horn immer dann am lautesten, wenn er direkt angeblasen wird.

Mensur/Rohrweitenverlauf

Die schallführende Röhre eines Blechblasinstrumentes weist über der Länge eine unterschiedliche Konizität auf. Grundsätzlich erweitert sich das Rohr vom Mundstück (engste Stelle) bis zur Stürze (weiteste Stelle), doch der Grad der Steigung (Konizität) sowie der Anteil an zylindrischen Rohranteilen schwankt je nach Instrumententyp und individueller Ausführung. So besitzt die Familie der Trompeten, Posaunen und dem Sousaphon mehr engere und zylindrische Teile, und ihre Schallstücke weisen eine engere Mensur auf als die Instrumente der Hornfamilie, die aus Flügelhorn, Althorn, Bariton und Tuba besteht.

Um den grundsätzlichen Einfluss der Mensur auf die musikalisch akustischen Eigenschaften von Blechblasinstrumenten zu demonstrieren, wollen wir einmal 4 Trichterrohre gleicher Länge von 2 m, aber unterschiedlicher Steigung (Mensur) betrachten. Beginnend mit einem zylindrischen Rohr mit 2 cm Eingangsradius und 2 cm Ausgangsradius (2/2) steigern wir die Konizität, indem wir den Eingangsradius halbieren, ohne den Ausgangsradius zu verändern (1/2), dann den Ausgangsradius auf 10 cm vergrößern, ohne den Eingangsradius zu verändern (2/10), und schließlich den Eingangsradius auf 0,5 cm verringern und gleichzeitig den Ausgangsradius auf 15 cm vergrößern (0,5/15). Bei allen Rohren handelt es sich um linearkonische Trichter ohne Schweifung mit Öffnungswinkeln von a = 0° (2/2), a = 0,28° (1/2), a = 2,29° (2/10) und a = 4,16° (0,5/15).

Die Abweichungen der Resonanzfrequenzen von denjenigen einer vollständigen harmonischen Reihe basierend auf 80 Hz sind in Abb. 3 wiedergegeben. Man erkennt, dass sich die Abweichungskurven mit größer werdendem Öffnungswinkel zunehmend an die Nullachse anschmiegen und das zylindrische Rohr (2/2) die stärksten Abweichungen in der Tiefe aufweist. Aus dieser einfachen Betrachtung kann man plausibel ableiten, dass Instrumente für die tiefe Lage stets eine weitere Mensur (höhere Konizität) aufweisen sollten als solche für die höchste Lage.

Betrachtet man die Resonanzkurven von zwei aus dieser Serie untersuchten 2-m-Rohren/Trichtern (Abb. 4 und 5), dann fällt auf, dass die Resonanzwirkung bei dem Trichter geringerer Steigung (2/10) in allen Lagen stärker ist als bei dem Trichter höherer Steigung (0,5/15). Auch die Amplituden der Resonanzen sind kräftiger ausgebildet. Das hat zur Folge, dass die Instrumente mit engerer Mensur (geringere Konizität) eine rauere oder schärfere

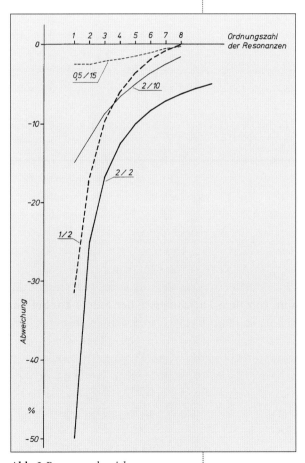

Abb. 3 *Resonanzabweichung von 4 Trichtern mit unterschiedlichen Öffnungswinkeln*

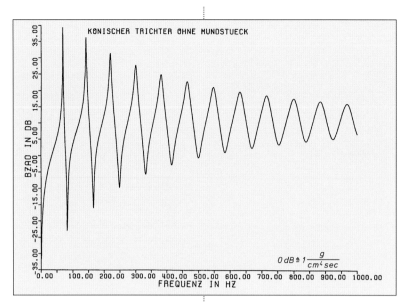

Abb. 4 *Berechnete Resonanzkurve eines konischen Trichters mit einem Öffnungswinkel von 2,29°*

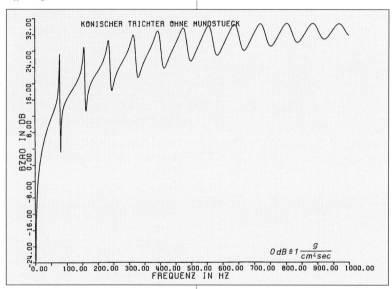

Abb. 5 *Berechnete Resonanzkurve eines konischen Trichters mit einem Öffnungswinkel von 4,16°*

Klangfarbe aufweisen als diejenigen mit weiterer Mensur, die andererseits mehr Fülle in der tiefen Lage bringen.

Diese Zusammenhänge lassen eine eindeutige Zuordnung des Fürst-Pless-Hornes zu den Instrumenten der weiteren Mensuren zu. Dieses Horn, das im Mensurverlauf weitgehend dem eines Flügelhornes entspricht, besitzt sehr ähnliche Klangattribute und lässt die Helligkeit und Schärfe der engeren Trompete vermissen. Das hätte für die im Jagdbereich (Wald und Flur) geltenden akustischen Bedingungen auch keinen Vorteil gebracht, denn die Schallabsorption ist bei höheren Frequenzen weitaus größer als bei tieferen Frequenzen, so dass die Hörbarkeit eines trompetenähnlichen Instrumentes geringer wäre als die eines der Flügelhornfamilie zugehörigen Instrumentes wie z.B. das Fürst-Pless-Horn.

In Abb. 6 sind die gemessenen Mensurwerte eines Jagdhornes (Fürst-Pless-Horn) im Vergleich zu denen eines Flügelhornes aufgetragen, und man erkennt die gute Übereinstimmung der Tendenzen, d.h. dass die relativen Durchmesserverhältnisse fast gleich sind. Die leichte Welligkeit in den Kurven kommt durch die Abweichungen der Rohrquerschnittsformen von einem Kreis zustande; die Instrumente weisen überwiegend elliptische Querschnitte aus, sodass der effektive Durchmesser bzw. Radius aus den beiden Werten für die Halbachsen berechnet werden muss.

Mundstück

Die Anpassung des Bläsers an das Blechblasinstrument erfolgt über das Mundstück, das eine sehr wichtige Einflussgröße auf das klangliche Resultat bildet. Zum einen soll das Mundstück eine gute Schwingungs-

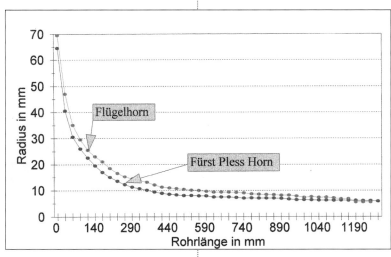

Abb. 6 *Vergleich der Mensur eines Fürst-Pless-Horns mit der eines Flügelhornes*

fähigkeit der Lippen zulassen, zum anderen soll es durch seine eigenen Resonanzeigenschaften sowohl die Klangfarbe als auch die Stimmung des Instrumentes in günstiger Form beeinflussen. Vom akustischen Standpunkt muss man das Mundstück als Bestandteil des Instrumentes betrachten, vom bläserischen dagegen als individuelles Gestaltungselement des Bläsers.

Die akustische Bedeutung lässt sich anhand der Resonanzwirkung diskutieren: Betrachten wir den Kessel mit seinem Luftvolumen als Feder und den in der Hinterbohrung eingeschlossenen Luftpfropfen als effektive Masse, so bildet sich ein Feder-Masse-System mit einer eigenen Resonanzfrequenz. Diese Resonanz kann man deutlich hören, wenn man mit dem Handballen auf den Rand des Mundstückes schlägt. Das entstehende „Plopp-Geräusch" besitzt eine genau definierte Tonhöhe, die der tiefsten und wichtigsten Resonanz des Mundstückes entspricht. Bei Fürst-Pless-Horn-Mundstücken liegt diese Grundresonanz bei ca. 900 Hz (tiefes b2).

Andererseits besitzt das Mundstück auch eine reale geometrische Länge (oftmals 6,5 cm), sodass es auch wie ein akustisches Rohr betrachtet werden kann. Nun hat aber dieses „Rohr" einen nicht konstanten Innendurchmesser, sodass sich einige zusätzliche Resonanzen ergeben, die teils aus der Feder-Masse-Beziehung abzuleiten sind und teils aus der Rohrlänge. Für das bei der Messung verwendete Fürst-Pless-Horn-Mundstück können die Resonanzdaten aus der Abb. 7 entnommen werden.

Die Feder-Masse-Resonanz (Hohlraum- oder Helmholtzresonanz) liegt bei 893 Hz, die weiteren „Mischresonanzen" liegen bei 3.331 Hz, 6.381 Hz und bei

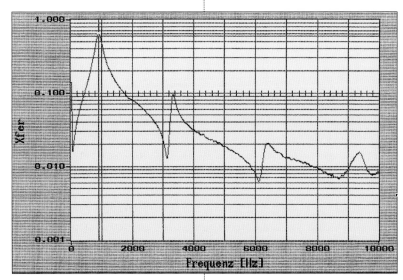

Abb. 7 *Resonanzkurve des FPH-Mundstückes von A. Semel*

9.356 Hz. Die tiefste Resonanz beeinflusst die Lage der einzelnen Resonanzen des kompletten Instrumentes, die höheren wirken sich überwiegend auf die Klangfarbe aus. Wie stark die Intonationsverschiebung

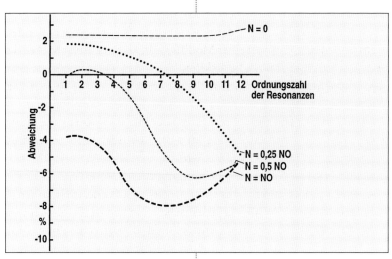

Abb. 8 *Einfluss des Mundstückskessels auf die Stimmung eines Blechblasinstrumentes. Ausgangsgröße N=N*

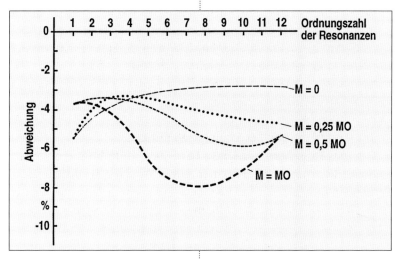

Abb. 9 *Einfluss der Mundstücksbohrung auf die Stimmung eines Blechblasinstrumentes. Ausgangsgröße M=M0*

bei Änderung der Kesselgröße oder der Bohrung ausfällt, kann aus den gesehen werden. In den Diagrammen sind Werte für eine Änderung des Kesselvolumens in 25-%-Schritten vom Ausgangszustand N0 bis auf Null eingetragen, während die Hinterbohrung vom Originalmaß M0 in 25 -%-Stufen vergrößert wird; bei M=0 besteht das Mundstück nur noch aus einem zylindrischen Teil mit der Weite des Kesseldurchmessers. Aus den Kurven kann entnommen werden, dass das Mundstück grundsätzlich die Stimmung des Instrumentes ohne Mundstück erniedrigt (N0 bzw. M0), und dass ein kleinerer Kessel zunächst in der Tiefe und dann auch die restlichen Resonanzen anhebt, während eine größere Bohrung die Stimmung überwiegend im oberen Bereich erhöht.

Wandmaterial, Oberfläche/Umwicklung

Die wichtigste Aufgabe eines Blechbläsers ist es, die im Instrument eingeschlossene Luftsäule zu Schwingungen anzuregen und den Instrumentenklang über das offene Trichterende dem Zuhörer zuzuleiten. Durch die relativ hohen Schallpegel entlang der inneren Rohrachse wird die Wandung beim Spiel zu Schwingungen angeregt. Diese Schwingungen verzehren Energie und wirken damit dämpfend auf die stehende Welle. Da die bewegte Wandung nun ihrerseits Schall abstrahlen kann, besteht die Möglichkeit, dass sowohl das innere als auch das äußere Schallfeld beeinflusst werden.

Betrachtet man nun die durch diese Wandschwingungen auftretenden Schallamplituden, so liegen sie nach unseren Messungen ca. 40 dB unterhalb des normalen „Trichterschalles", machen also nur ca. 1% davon aus. Eine Beeinträchtigung ist aus diesem Grunde kaum möglich – und dennoch wird dies immer wieder behauptet. Nach den bisherigen akustischen Tests verschiedener Autoren „merkt" der Bläser die Änderung des Wandmaterials hinsichtlich Stärke, Zusammensetzung und Oberflächenveredelung nur dann, wenn er die Änderung „weiß" oder „sieht". Ahnt er nichts von einer Modifikation, dann „empfindet" er sie auch nicht. Dennoch muss berücksichtigt werden, dass es überaus sensible Menschen gibt, die auch nicht messbare Effekte zu spüren vor geben.

Grundsätzlich ist jedes Mitschwingen der Wandung wegen des Energieverlustes von Nachteil, sodass im Mittel ein dickwandiges, steifes Instrumentenrohr besser bewertet wird als ein dünnes und weiches. Es spielt aber auch das äußere Erscheinungsbild des Instrumentes eine entscheidende Rolle. Kann man es bei normalem Licht erkennen, so neigt man dazu, die visuellen mit den akustischen Effekten zu vermischen. So bringt ein silbernes Instrument eine „silbrige" Klangfarbe, während ein rötlicher Goldmessingbecher oft einen „wärmeren" Klang garantiert. Solange der Bläser von derartigen, physikalisch nicht zu bestätigenden Zusammenhängen überzeugt ist, wird er auch das entsprechende Klangresultat erzeugen – wodurch für ihn der Beweis erbracht ist.

Ein Fürst-Pless-Horn besitzt üblicherweise eine Lederumwicklung, die das Instrument vor Schlagschäden schützen soll und das Halten des Instrumentes mit der Hand angenehmer sein lässt. Dies besonders bei kalter Witterung im Freien. Die Umwicklung bedämpft – genau wie die haltende Hand – die möglichen Korpusschwingungen und wirkt sich damit positiv aus. Ein Einfluss auf die akustischen Eigenschaften des Hornes selbst ist nicht messbar.

Konstruktions- und Berechnungsmöglichkeiten

Das vom Flügelhorn abgeleitete Fürst-Pless-Horn besitzt in seinem mechanischen Aufbau keine scharfen, engen Windungen und kann deshalb wie ein gerades konisches Rohr betrachtet werden. Derartige Instrumente lassen sich heute mit Hilfe moderner Computerprogramme in ihren Resonanzeigenschaften berechnen und somit gezielte Qualitätsverbesserungen erreichen. Das Verfahren ist jedoch sehr aufwendig und bedarf einer sehr genauen mechanischen Bestimmung der *inneren* Durchmesser des Instrumentes. Diese wiederum gibt es bis heute leider noch nicht, sodass sich die rechnergestützten Konstruktionsprogramme in der Praxis noch nicht durchgesetzt haben.

Ganz anders ist das bei Korrekturverfahren, bei denen der status quo eines Blechblasinstrumentes zugrunde gelegt wird, und *relative* Mensur*änderungen* mit Computerunterstützung erarbeitet werden können. Anhand eines Beispieles soll die Vorgehensweise erläutert werden.

Abb. 10 zeigt die Messwerte für das Original Fürst-Pless-Horn von Franz Hirschberg nach der von mir entwickelten Methode („MeSSko") unter Zuhilfenahme eines kleinen Impedanzmesskopfes, der anstelle des Bläsers am Mundstück angekoppelt worden ist. In der Abb. 10 ist links oben die Stimmungskurve mit den Abweichungen der einzelnen Reso-

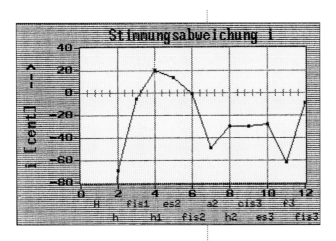

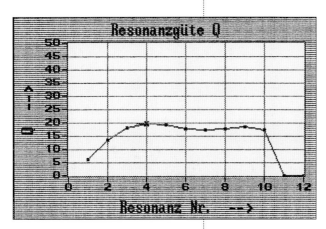

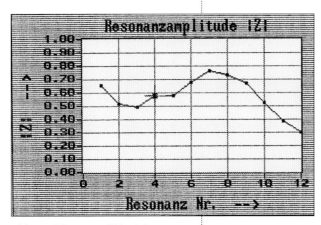

Abb. 10 *Stimmungsfehler i, Resonanz-*
güte Q und Resonanzamplitude |Z| des
FPH von Franz Hirschberg
(Auswertung von Abb. 1)

nanzfrequenzen von der temperierten Bezugs-
tonskala mit a1 = 440 Hz in dem Maß „cent"
wiedergegeben; 100 cent entsprechen der Abwei-
chung um einen Halbton. Rechts daneben ist die
Resonanzgüte Q aufgetragen, und links unten die
Amplituden der einzelnen Resonanzen.

Die Stimmungsabweichung zeigt die übliche
Tendenz älterer Flügelhornmodelle, die noch
nicht mit modernen Methoden korrigiert werden
konnten. Die Mittellage (Töne 3 bis 6) liegt viel zu
hoch gegenüber dem Diskant (oberhalb Ton 6)
oder der Diskant ist zu tief gegenüber der Mittellage. Diesen Fehler findet man häufig bei Flügelhörnern, Fürst-Pless-Hörnern und anderen weitmensurierten Instrumenten. Interessant ist auch
die extrem hohe Stimmung des Instrumentes, das
in B gestimmt sein sollte, aber als tiefes H-Instru-
ment auftritt.

Unterwirft man diese Messwerte einer Kor-
rekturanalyse mit dem Programm „MeSSko", so
kann man diejenigen Stellen herausarbeiten, an
denen eine Veränderung der Mensur (Durch-
messerwerte) eine Korrektur der wesentlichen
Intonationsfehler ermöglicht.

In Abb. 11 ist ein derartiges Korrekturdiagramm für eine Zweifachkorrektur wiedergegeben. Im linken oberen Diagramm ist die von Abb.
10 bekannte Intonationskurve zu finden. In dem
unteren großen Diagramm ist das Instrument in
gestreckter Form dargestellt, wobei das Schallstück links (Stürze bei 0) und die Zwinge rechts
(ca. 1320 mm) angedeutet sind. Unter Verwendung einer Korrekturtabelle für Flügelhörner
sowie einem entsprechenden Fehlermodell hat
das Programm diejenigen Stellen markiert, an
denen eine Mensurkorrektur sinnvoll ist. Die
positive Skala des unteren großen Diagrammes
zeigt den Bereich einer Erweiterung, die negative
Skala dagegen die einer Einengung. Es sind
zwei cursor als Markierungskreuze bei 200 mm/+40 cent (Nr.1) sowie
bei 1164 mm/-33,7 cent (Nr.2) in günstigen Bereichen positioniert,
deren Wirkung in den oberen Diagrammen erkannt werden können.

Links oben ist der Ausgangszustand wiedergegeben sowie die gespiegelte Wirkung der 1. Korrektur bei 200 mm. Dadurch verändert sich die
Intonationskurve in diejenige, die fett im 2. Teildiagramm ober in der

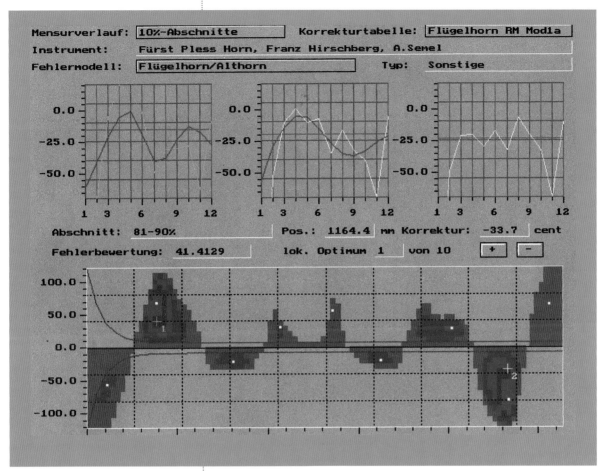

Abb. 11 *Korrekturdiagramm für das FPH von F. Hirschberg, („MeSSko"-Ausdruck)*

Mitte eingetragen ist. Man erkennt, dass die starke Überhöhung der Töne 3-6 bereits zurückgenommen wurde. Die zweite Kurve in diesem Diagramm zeigt die gespiegelte Korrektur Nr. 2 bei 1164 mm und das Resultat in dem rechten Teildiagramm. Mit Hilfe dieser beiden Korrekturen kann die problematische Intonation des Fürst-Pless-Hornes beseitigt werden, ohne die weiteren typischen Eigenschaften des Instrumentes zu verändern.

Das Maß von +40 cent bei 200 mm Abstand von der Stürze bedeutet umgerechnet eine Erweiterung des Durchmessers um 3,7 %, wenn man die Korrekturstellenlänge auf +/- 20 cm auslaufen lässt. Entsprechendes gilt für die Einengung bei 1164 mm. Man erkennt, dass der Instrumentenmacher heute moderne Methoden verwenden kann, um die Qualität seiner Instrumente zu verbessern.

Antworten auf Fragen aus der bläserischen Praxis

In diesem Kapitel will ich versuchen, Antworten zu geben auf die immer wieder gestellten Fragen zu Problemen beim Umgang und beim Spiel mit Blechblasinstrumenten, hier besonders mit Fürst-Pless-

Hörnern. Dabei berufe ich mich auf eine Praxis von über 30 Jahren bei der messtechnischen Behandlung der Akustik von Blechblasinstrumenten sowie ihrer konstruktiven Verbesserung.

In welche Instrumentenfamilie ist das Fürst-Pless-Horn einzustufen?

Die Antwort ist schnell gefunden, wenn man sich die üblichen Mensuren sowie die akustischen Eigenschaften der Instrumente anschaut. Das Fürst-Pless-Horn zeigt sowohl hinsichtlich des Verlaufes der Durchmesser (Mensur) als auch der Intonationswerte und der Klangfarbe eine so große Übereinstimmung mit einem Flügelhorn, dass man es in die Familie der weitmensurierten Instrumente wie Flügelhorn, Althorn, Bariton usw. eingruppieren muss.

Nicht uninteressant dürfte die Tatsache sein, dass viele Hersteller von Fürst-Pless-Hörnern Bauteile ihrer Flügelhornmodelle verwenden (s. auch „Mensur und Rohrweitenverlauf").

Kann man ein Instrument „verblasen"?

Es wird immer wieder behauptet, dass man durch falsches Anblasen eines Blechblasinstrumentes seine Ansprache, seine Intonation und seinen Klang verschlechtern könne. Diese Aussage ist m.E. unsinnig und bisher auch nicht belegt!

Wir wissen, dass die akustischen Eigenschaften eines Blechblasinstrumentes ausschließlich von der Formgebung (Mensur, Konstruktion) und der Verarbeitungsqualität bestimmt werden. Wenn man nun ein Instrument „verblasen" will, dann müsste man z.B. durch den „falschen" Anblasprozess die Form verändern. Das kann aber kein Bläser schaffen, dessen Anblasdruck maximal 0,2 bar betragen kann. Zum Vergleich sei derjenige Druck genannt, den der Instrumentenmacher zum hydraulischen Verformen eines Blechblasinstrumentes verwendet; er beträgt 200 bis 600 bar!

Auch die Verarbeitungsqualität lässt sich nicht durch den Anblasprozess irreversibel erniedrigen. Wenn ein Rohr an der Innenwandung sehr rau ist oder Reste des Biegebleies im Instrument verblieben sind, dann erhöht sich die Resonanzdämpfung und die Ansprache leidet. Es kann deshalb durchaus vorkommen, dass eine mangelhafte Pflege eines Instrumentes zu Ablagerungen und Oxidationsprozessen führen kann, aber diese Art von Qualitätsminderung hat nichts mit „verblasen" zu tun. Diese Schäden können durch eine sorgfältige Reinigung des Instrumentes schnell behoben werden.

Sollten Sie als Leser auf ein nachweislich „verblasenes" Blechblasinstrument stoßen, so bieten Sie es mir bitte zur Untersuchung an. Sollte der Nachweis eines echten „Verblasens" möglich sein, d.h. dass das Instrument durch unsachgemäßes Anblasen seine akustischen Eigenschaften verschlechtert hat, so erhalten Sie von mir ein neuwertiges Instrument normaler „unverblasener" Bauart!

Welchen Einfluss haben Beulen im Instrumentenrohr?

Kleinere Beulen haben normalerweise keinen bemerkbaren Einfluss auf die musikalisch akustische Qualität eines Blechblasinstrumentes. Nur Beulen, die den Luftstrom im Inneren des Instrumentes behindern, die mehr als 20 % des Rohrquerschnittes reduzieren oder in scharfen Biegungen (Halbtonbogen …) liegen, können eine Verschlechterung der Ansprache mit sich bringen. Die Intonation können sie nicht verändern!

Die Begründung für diese Aussage ist plausibel, wenn man berücksichtigt, dass die Veränderung der Stimmung durch Mensurkorrekturen durch das Produkt aus Durchmesseränderung und relativer Korrekturstellenlänge beeinflusst wird. Da eine Beule, wie sie hier gemeint ist, aber immer nur örtlich begrenzt ist, also nur eine sehr geringe Länge aufweist, muss die Stärke der Durchmesseränderung in der Beule schon in eine Größenordnung fallen, bei der die Luftströmung beeinträchtigt wird. Natürlich ist ein Instrument mit plattgedrücktem Schallbecher nicht mehr spielbar, aber wenn das Instrument durch Anstoßen an eine Tischkante o. ä. eine kleine Beule bekommt, merkt man das als Spieler normalerweise nicht, sondern nur dann, wenn man es auch merken will!

Warum verändern Undichtigkeiten nur ganz bestimmte Töne?

Ein Loch oder Riss im Instrumentenrohr oder eine undichte Wasserklappe führen immer zu einer starken Beeinträchtigung der Ansprache einzelner Töne. Es werden diejenigen Töne besonders geschwächt, deren stehende Wellen an den undichten Stellen einen Schalldruckbauch aufweisen. Dieser „Überdruck" kann über die Undichtigkeit entweichen und bedämpft damit die Resonanzwirkung. Da jeder Ton, genau jede Resonanz, eine andere Schallverteilung im Rohr aufweist, werden auch nur diejenigen Töne beeinträchtigt, die einen Druckbauch an der Störstelle bilden. Resonanzen, die dort einen Druckknoten haben, können ohne Schwierigkeiten intoniert werden.

Nach welchen Kriterien sollte man ein Mundstück auswählen?

Die Auswahl eines geeigneten Mundstückes unterliegt sehr stark individuellen Ansprüchen und Vorstellungen. Auch wenn das Mundstück einen durchgreifenden Einfluss auf die akustischen Eigenschaften des Blechblasinstrumentes ausübt, steht doch die Schwingmöglichkeit der Bläserlippen und sein individuelles Kontaktgefühl im Vordergrund. Deshalb empfehle ich folgende Vorgehensweise: Man suche sich ein Mundstück aus, das einem ein angenehmes Kontaktgefühl an den Lippen vermittelt *und* mit dem man auch den angestrebten Tonumfang blasen kann. Im Zweifelsfalle immer das größere Mundstück nehmen, wenn mehrere zur Auswahl stehen, denn grundsätzlich haben Mundstücke mit großem Kessel *und* großer Bohrung Vorteile hinsichtlich Tonstabilität, Ziehbereich und Klangqualität. Man erkauft sich damit „nur" den einzigen Nachteil, dass dieses Mundstück im Diskant mehr

Lippenkraft erfordert. Das bedeutet ein intensiveres Übungspensum – aber es lohnt sich!

Hat man nach diesen Kriterien ein geeignetes Mundstück gefunden, dann muss man es auf dem eigenen Instrument ausprobieren. Dabei kann es zu Intonationsproblemen kommen, die aber nicht unlösbar sind. Hat man zum Beispiel einen zu tiefen Diskant erhalten, dann muss man ein anderes Mundstück *gleicher Randform und gleichen Durchmessers suchen,* das eine größere Bohrung besitzt, man sollte aber *keines* nehmen, das einen kleineren Kessel aufweist (vergl. Abb. 8 u. 9).

Wird die Klangfarbe mit dem zunächst gefundenen Mundstück nicht befriedigend ausfallen, so sucht man eines mit *gleicher Randform und -größe* aber geänderter Kesselform, vor allem mit einem geänderten Übergang von dem Kessel in die Bohrung. Ein tiefer Kessel mit sanftem Übergang zur Bohrung erbringt einen weicheren Klang, ein flacherer Kessel mit scharfkantigem Übergang bringt eine hellere und schärfere Klangfarbe.

Bei bläserischen Problemen in der hohen Lage empfehle ich, eine größere Bohrung zu verwenden, niemals einen kleineren Kesseldurchmesser!

Zum Schluss sei noch angemerkt, dass es von großer Wichtigkeit ist, dass der Mundstücksschaft dicht und klapperfrei in der Mundstücksaufnahme steckt. Aber auch wieder nicht so fest, dass sich das Mundstück nicht mehr lösen lässt!

Was bedeuten die roten Pünktchen außen auf dem Instrumentenrohr?

Hier handelt es sich um ein Korrosionsproblem, das schwer in den Griff zu bekommen ist. Zunächst einmal ist das Entstehen von roten Punkten darauf zurückzuführen, dass dem Messingmaterial durch Korrosion der Zink entzogen wird. Es bleibt das Kupfer übrig, das eine stärkere Rotfärbung hat als das Messing. Bei fortgeschrittener Entzinkung fallen Löcher in das Material ein und verhindern eine normale Ansprache.

Dieses Problem tritt nur bei Messingsorten auf, die weniger als 70 % Kupfer beinhalten. Außerdem wird die Entzinkung begünstigt, wenn das Instrument lackiert und damit unter Luftabschluss „leidet". Vermeiden lässt sich diese Korrosion durch Verwendung von Goldmessing oder Neusilber (kein Zinkanteil!) seitens des Herstellers oder durch *eine sehr sorgfältige Behandlung und Pflege* des Instrumentes durch den Spieler. Vor allem ist darauf zu achten, dass das Instrument des öfteren *innen* gereinigt wird und nach dem Spiel vollständig abtrocknen kann. Wird nämlich das Instrument gleich nach dem Gebrauch in das Etui gelegt, so verbleibt der größte Teil der Kondensationsfeuchtigkeit im Instrument, und die Korrosion findet einen fruchtbaren Nährboden!

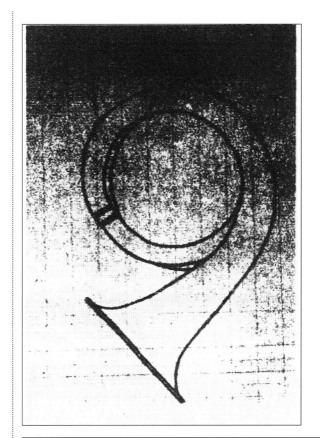

*Werkstattzeichnung der Firma
Gebr. Alexander, Mainz, um 1950
(M = 1:3)
Quelle: Archiv Gebr. Alexander Rhein,
Musikinstrumentenfabrik GmbH,
Mainz*

*Reproduktion der technischen
Angaben zur obigen Zeichnung*

```
Gesamtlänge = 1.29 mtr.

Schallstücklange              54.5 cm

Schalldurchmesser             14.- cm

Anstoßlänge                   76.- cm

Schallhöhe v.Schallrand-
    inneren Bug               21.4 cm

Schallbugbreite ⌀             14.2 cm

Zwischenraum Schall-
  oberer Bug innen-
  Anstoß innen Durchmesser 13.8 cm

Entfernung v.Schallrand-
    Mundrohrende              21.4 cm

Oberzwingenweite-äußere Trompe-
                    tenweite
      "    "    "   länge   4.2 cm

Zuschnitt C Flügelhornschall.
```

Bausatz Fürst-Pless-Horn
Quelle: Firma Josef Dotzauer,
Karlstadt, Fotos: H. Gercken

1 *Zuschnitt vom Schallstück –*
Materialstärke 0,45 mm
2 *zugeschnittenes Schallstück*
zusammengefalzt – Naht mit
Schlaglot verlötet
3 *verlötetes Schallstück am Amboss*
rundgerichtet; fertig um auf Eisen-
form zu drücken
4 *Neusilberkranz fertig zum auf-*
bördeln auf Schallstück
5 *Schallstück fertiggebogen mit*
Zwinge für Anstoßanschluß
6 *fertiggebogenes Mundrohr mit*
Anstoßzwinge – gerade Länge
ca. 88 cm
7 *Stimmzug*
8 *Feststellschraube für Stimmzug*
9 *Lederwicklung ca. 3,25 bis 3,50 m*

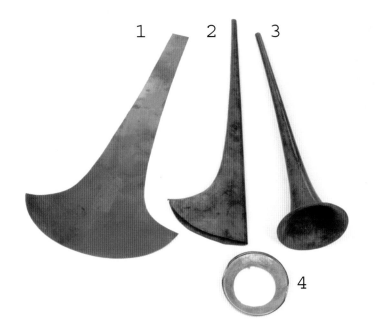

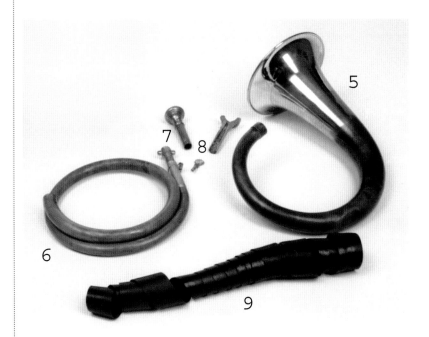

Zusammenfassende Empfehlungen für Anschaffung und Pflege eines Fürst-Pless-Horns.

Es gibt eine sehr große Anzahl von Herstellern von Fürst-Pless-Hörnern mit sehr unterschiedlichen Herstellungsmethoden und Qualitätsansprüchen. Es ist nicht gesagt, dass ein Instrument, das aus Messingblech handgeformt und -gefügt ist, besser ist als ein maschinell gefertigtes. Es kommt weniger auf die Herstellungsmethode als auf die Sorgfalt bei der Formgebung an, denn die Mensur bestimmt nun einmal im wesentlichen die musikalisch akustische Qualität.

Prüfen Sie das Instrument kritisch durch Anspielen und kaufen Sie nur ein solches, auf dem *Sie* sich wohlfühlen! Prüfen Sie vor allem auch die Stimmung, indem Sie beim Blasen ein Stimmungsmessgerät verwenden. Diese kleinen elektronischen Hilfsmittel sind nicht teuer (ca. 100,- DM), können Ihnen aber sehr viele Vorteile bieten. Grundsätzlich sollten Sie bei der Überprüfung der Stimmung *sehr leise spielen*, im Fortissimo (fff) können Sie jedes Instrument „hinbiegen", das nützt Ihnen rein gar nichts!

Können Sie z. B. eine Reihe von Naturtönen nur mit großer Anstrengung stimmend blasen, dann sollten Sie dieses Horn nicht erwerben. Die Probleme werden gerade bei einem Amateur selten geringer! Und Spaß machen sollte das Spiel auf dem eigenen Instrument in jedem Fall!

Bevorzugen Sie ein Fürst-Pless-Horn, bei dem die einzelnen Rohrteile mit Zwingen stumpf voreinander gelötet und nicht ineinander gefügt sind. Durch die Lederumwicklung kann man diese Stoßstellen nicht immer deutlich erkennen, der qualifizierte Händler weiß aber Bescheid. Ineinander gesteckte Rohrteile erhöhen die Störreflexionen an diesen Übergängen und beeinträchtigen damit die Ansprache.

Achten Sie auf einen klapperfreien Sitz des Mundstückes und reinigen Sie dieses sowie das innere Instrumentenrohr mit speziell dafür angebotenen kleinen Bürsten und Durchwischern. So erhalten Sie die gute Anprachequalität und sind vor Überraschungen und Ausfällen beim Einsatz gefeit. Diese Ausfälle treten nämlich komischerweise *immer* dann auf, wenn man sie *überhaupt nicht* gebrauchen kann! Lassen Sie das Instrument nach jedem Gebrauch an der Luft trocknen und stecken Sie es nicht sofort nach dem Probenende oder dem Auftritt in die Horntasche.

Landeswettbewerb
beim Jagdschloss
Kranichstein
in den fünfziger
Jahren,
Wertungsrichter:
Willi Friedl,
Martin Freimut,
Franz Ihlow
Foto: W. Friedl

Pflichtsignale: - siehe Anlage ! -
Kür - Signale: ....*Fortbilde Schlotten*.............

B e w e r t u n g :

	Grundzahl:	Note	Punktzahl:
1.) Gesamteindruck	1	*4*	
2.) Tonreinheit	5		
3.) Notengerechter Vortrag n.Frevert	7		

1 = genügend
2 = befriedigend
3 = gut
4 = sehr gut

Gesamtpunktzahl:

........Preis der Klasse......

Für die Richtigkeit nach den Wertungskarten:

Essen - Ruhr, den 29.8.1959

Wertungsblatt
von 1959

Willi Friedl

Die Bläserwettbewerbe für Jagdmusik beim Jagdschloss Kranichstein

D ie Vorarbeiten von Carl Clewing und Walter Frevert bildeten die Grundlage für alle späteren Ausgaben der deutschen Jagdsignale und für die seit 1953 eingeführten Bläserwettbewerbe auf Jagdschloss Kranichstein des Landes Hessen und des Deutschen Jagdschutzverbandes (DJV).

Seit 1965 liegen die Signale für das Fürst-Pless-Horn in einer offiziellen Fassung des DJV vor, und können in einer für jeden Jäger erreichbaren, festgelegten Form geblasen werden. Am Aufschwung des Jagdhornblasens mit dem Fürst-Pless-Horn haben die Forstleute großen Anteil. Mit wenigen Ausnahmen entstanden alle Bläsergruppen in Deutschland auf Anregung von Forstmännern, die dieser Keimzelle der heutigen Bläserbewegung zur Seite standen und für die Ausbildung sorgten. Seit der Gründung der Hessischen Landesforstschule 1922 in Schotten, steht dort das Jagdhornblasen auf dem Lehrplan und wird bis heute an der Aus- und Fortbildungsstätte der Hessischen Landesforstverwaltung fortgeführt.

Seit den fünfziger Jahren wurden Forstleute auch aus Berlin, dem Saarland, aus Chile, Madagaskar und aus Afrika im Jagdhornblasen unterrichtet. Sie bekundeten die Absicht, unser Fürst-Pless-Horn in ihren Ländern einzuführen und das Hornblasen zu pflegen.

Es waren Förster, die bis Mitte der fünfziger Jahre, meist als Einzelbläser, die Jagden traditionell gestalteten und damit oft genug zu den Gesellschaftsjagden von Revier zu Revier gereicht wurden. Nach dem verlorenen Krieg, 1939 bis 1945, schienen die Jagd und das Jagdhornblasen für immer beendet zu sein. Besatzungsmächte jagten unweidmännisch und schossen teils mit Maschinenpistolen auf das Wild. Die rücksichtslosen Bejagungsmethoden waren auch für jeden Teilnehmer lebensgefährlich. Doch schon bald fanden die Besatzungsmächte an deutscher Jagdart Gefallen und stellten fest, dass auch sie eine geordnete Jagdausübung nur mit dem Fürst-Pless-Horn gewährleisten konnten, ja sie lernten selbst das Jagdhornblasen und traten unseren noch bescheidenen kleinen Bläsergruppen bei. Nach dem Zusammenbruch, 1945, und der späteren Konsolidierung der Jägerschaft in einer eigenen Organisation war es der damalige Kreisjagdberater von Frankfurt/M., Walter Grödel, der am 27. April 1953 ein Schreiben an alle damals bestehenden Jagdvereine in Hessen richtete und sie aufforderte, ihre Jagdhornbläser zum ersten Jagdhornbläsertreffen, am 4. Mai 1953, zu entsenden.

Dieser erste von einer Region selbst organisierte Wettbewerb von Bläsern war ein derartiger Erfolg, dass der Landesjagdverband Hessen e.V. diesen Gedanken aufgriff und ein regelmäßiges Treffen der Jagdhornbläser mit dem Fürst-Pless-Horn verwirklichte.

Der historische Schlosshof Kranichstein bot sich für diese Wettbewerbe an, die nun zu einer traditionellen Einrichtung der deutschen und ausländischen Jägerschaft wurde.

121

Der Funke, den Hessen mit der Betreuung und Förderung seiner Jagdhornbläser gezündet hatte, sprang sehr bald auf die übrigen Bundesländer über, und das Jagdschloss Kranichstein wurde vom DJV als Austragungsort für den ersten Bundeswettbewerb im Jagdhornblasen (20. August 1961) auserwählt.

1. Bundeswettbewerb im Jagdhorn-
blasen beim Jagdschloss Kranichstein,
1961, Foto: W. Friedl

Als die Landesjägerschaften und der Deutsche Jagdschutzverband die Förderung des jagdlichen Brauchtums nach dem Vorbild Hessens fest in ihr Aufgabenprogramm übernommen hatten und die Bundeswettbewerbe konsequent weiterführten, stieg die Beliebtheit des Jagdhornblasen schnell an und führte zu einer Leistungssteigerung, wie sie nie erwartet wurde. Erstaunlich ist auch das große Interesse der Bevölkerung an den verschiedenen Bläserwettbewerben. So sollen 1980 mehr als 20.000 Besucher zum Jagdschloss Springe in Niedersachsen gekommen sein. Interessant war bei diesem Termin die Darbietung „Ablauf eines Jagdtages" mit den notwendigen Kommentaren von Oberforstmeister Friedrich Ritter und Wildmeister Erhard Brütt, bei der auf mehr als 1.000 Jagdhörnern die zugehörigen Signale geblasen wurden.

Auch das Land Bayern führte unter seinem bewährten Landesobmann für jagdliches Brauchtum, Hildebrand Walther, derart gestaltete Bläsertreffen durch.

Beim Bundeswettbewerb 1995 stellten sich 141 Gruppen mit 3.000 Jagdhornbläsern dem Leistungsvergleich.

Ging es in den fünfziger und sechziger Jahren noch darum, die Bläsergruppen mit den Jagdsignalen und ihrer Vielfalt bekannt zu machen, so ist in den Jahren nach 1970 auf den Bläserwettbewerben immer mehr die

Jagdhornbläserwettbewerb, 1980, beim
Jagdschloss Springe, Foto: W. Friedl

Postsonderstempel zum Landeswett-
bewerb im Jagdhornblasen, Springe,
1982, Quelle: F. Ritter

Abzeichen für Teilnehmer am DJV-
Bundeswettbewerb im Jagdhornblasen
auf Jagdschloss Kranichstein.
Foto: Erhard Brütt

peinlich genaue Wiedergabe der Signale in der Tongebung, Stimmung der Hörner und in der Einhaltung der Notenwerte verlangt worden. Mit der steigenden Qualität des Jagdhornblasens zeigte sich aber bald, dass die Notierung der Signale nicht genügend Hinweise für eine einheitliche Auffassung in Bezug auf Tempo, Artikulation und Metrik bot. Mehrere Versuche wurden unternommen, die Jagdsignale in verbesserter Form zu notieren, seit 1950 unter anderen von B. Hannack, H. Neuhaus und A. Eisenschink. Jeder arbeitete für sich und wollte auch in „seinem" Landesjagdverband „seine" Signale durchsetzen.

Bei einer vom Landesjagdverband Hessen über den Deutschen Jagd-schutzverband e.V. einberufenen Besprechung im Jagdschloss Kranich-stein waren sich die anwesenden Landesobleute, Bläsergruppenleiter und die Experten, Hermann Neuhaus, Prof. Dr. Fritz Kemper, Reinhold Stief und Willi Friedl schließlich darin einig, dass man einer Zersplitterung in der Auslegung der Vortragsweise der Jagdhornsignale entgegenwirken müsse.

Der DJV initiierte deshalb 1967 anlässlich des Bundeswettbewerbs in Kranichstein die Gründung einer Kommission zur Revision der Jagd-signale.

Die Bläserobleute der Landesjagdverbände beriefen Hildebrand Walther (Bayern), Totila Jericho und Reinhold Stief (Baden-Württemberg), Willi Friedl und Ofm. Wellniak (Hessen), Fm. Friedrich Ritter und Walter Hermann (Niedersachsen), Hermann Neuhaus, Martin Freimut und Prof. Fritz Kemper (Nordrhein-Westfalen), Burkhard Schenk und Franz Ihlow (Berlin), Rudolf Schoenfeldt und Uwe Bartels (Hamburg), Walter Koltoniak (Schleswig-Holstein) zur weiteren Beratung und Bearbeitung der Signale. Noch im selben Jahr wurden Reinhold Stief,

Teilnehmer des Seminars für Übungsleiter und zukünftige Wertungsrichter im Jägerlehrhof Jagdschloss Springe, 1974. Leitung: Reinhold Stief (links), Foto: F. Ritter

Willi Friedl und Prof. Fritz Kemper zum DJV nach Bonn berufen und ihnen der Auftrag für die Revision der Jagdsignale erteilt.

Das Ergebnis dieser Überarbeitung wurde dann noch in mehreren Sitzungen und Beratungen als offizielle Fassung des DJV vorgelegt und von allen Landesjagdverbänden anerkannt. Der Deutsche Jagdschutzverband hat somit die gründliche Revision, die allgemeingültige Notierung der Jagdsignale vollzogen und eine Fassung zusammengestellt, in der die Wiedergabe der Signale unmissverständlich festgelegt wurde.

Diese offizielle Fassung ist im Verlag Paul Parey, Hamburg und Berlin, erschienen. Der DJV empfiehlt in dieser Ausgabe, das Jagdhornblasen als wesentlichen Bestandteil des jagdlichen Brauchtums in den Landes- und Kreisverbänden der Jägervereinigungen nachhaltig zu fördern. Die Bläserwettbewerbe dienen dieser Förderung und der damit verbundenen Breitenarbeit als Teil der Öffentlichkeitsarbeit des DJV.

Besonders interessant für die Bläsergruppen sind auch die vom DJV herausgegebenen Wertungsbogen, auf welchen von den Wertungsrichtern die Fehler eingetragen werden, sodass jede Bläsergruppe feststellen kann, wo noch Schwächen in ihrem Vortrag bestehen.

Eine Zeitlang war die Auswahl der Wertungsrichter ein Problem. Zunächst ging man davon aus, Musikexperten für dieses Amt zu gewinnen. Die Erfahrung zeigte aber, dass hier die Erwartung nicht genügte, und so ging man dazu über, Wertungsrichter aus dem Kreise der Jagdhornbläser und musikalischen Leiter zu schulen und zu berufen.

Ab 1972 wurden dazu an der Landesjagdschule Laupertshausen in Baden-Württemberg, und im Jägerlehrhof Jagdschloss Springe mehrfach Lehrgänge für Wertungsrichter durchgeführt.

Bald machte sich unter den Jagdhornbläsern immer mehr das Bedürfnis bemerkbar, dass die Bläsergruppen aufgrund ihres hohen Leistungsstandes musikalische Erweiterungen im Notenmaterial wünschten. Vor allem Reinhold Stief hat sich dieses Wunsches angenommen und die üblichen Signale mit Ergänzungsstimmen für tiefe Signalhörner, die sogenannten B-Parforcehörner, ausgestattet.

Nachdem in Baden-Württemberg versuchsweise auch mit gemischten Gruppen (Fürst-Pless-Hörner und „Parforcehörner" in B) aufgetreten wurde, stellte der Landesjagdverband den Antrag beim DJV, zusätzlich beim Bundeswettbewerb eine „G"-Disziplin für gemischte Gruppen einzuplanen. Wiederum wurde durch einen Sonderausschuss eine Änderung der Wertungsordnung erarbeitet, und so kam es zum ersten Mal im Jahre 1979 dazu, dass gemischte Korps in einer besonderen Gruppe beim Bundeswettbewerb in Kranichstein zugelassen waren. Durch diesen Einsatz kam eine spürbare Abwechslung in die Vorträge.

Besonders zu erwähnen ist, dass die Schweizer Weidgenossen sich ganz den Richtlinien des Deutschen Jagdschutzverbands angeschlossen haben und seit einigen Jahren ihre eigenen Landeswettbewerbe durchführen. Die Angleichung des schweizerischen Jagdhornblasens an die deutschen Vorgaben wurde möglich durch die Förderung des Präsidenten des Allgemeinen Schweizerischen Jagdschutzvereins, Emil Winzeler, und des Schweizer Landesobmanns der Jagdhornbläser, Fritz Hagemann. Auch unsere Nachbarn in Österreich bilden ihre Jagdhornbläser nach den deutschen Richtlinien aus und führen ihre Wettbewerbe teils mit Richtern aus Hessen und Bayern durch. Österreichische Bläsergruppen nehmen an deutschen Wettbewerben teil, und die hier eingesetzten österreichischen Wertungsrichter, Landesobmann der O.ö. Jagdhornbläser, Alfons Walter, und der N.ö. Landesobmann Prof. Franz Stättner, haben vorbildliche Arbeit für unser Jagdhornblasen geleistet.

Seit der Öffnung der Ostgrenzen stellen sich regelmäßig polnische Gruppen den deutschen Wettbewerben. Sie bringen eine andere musikalische Auffassung mit, der die hohe Musikalität des polnischen Volkes anzumerken ist. Dadurch entsteht, wie auch durch die österreichischen Vorträge, ein breiteres Klangspektrum, als wir es vom Wiederbeginn aus den fünfziger Jahren gewohnt waren.

Die polnische Jagdmusik, mit ihrem heutigen Initiator, Piotr Grzywacz, pflegt – wie die deutsche – das alte von Pless'sche Kulturerbe. An der Forstschule Tuchola z. B. werden jährlich Jagdhornbläser-Wettbewerbe ausgerichtet, bei denen deutsche Gruppen regelmäßig als Gäste vertreten sind.

Eine mögliche Beigabe des konsequenten Übens für anspruchsvolle Wettbewerbe muss den praktischen Jäger etwas bedenklich stimmen und soll hier nicht unerwähnt bleiben: Geschliffenes Gruppenblasen – und das wird ja bis zur größtmöglichen Fehlerfreiheit geübt – führt leicht zum Abrücken vom urwüchsigen Blasen des Einzeljägers.

Es ist bei unbedachtsamen Umgang mit dem jagdlichen Brauchtum geeignet, einen Bläsertyp zu erzeugen, der nur noch fähig ist, eine zweite, dritte oder vierte Stimme des Satzes wirklich zu beherrschen.

Das Fürst-Pless-Horn erfüllt seinen eigentlichen Sinn aber nicht als Harmonieinstrument, sondern nur, wenn es als Leitinstrument jederzeit Klarheit im weiträumigen Jagdbetrieb schaffen kann. Dafür sollte jeder, der es als ehrliches „Jagdgebrauchs-Horn" in die Hand nimmt, neben allem musikalischen Beiwerk und schönen Vortragsstücken, die Jagdsignale als Einzelbläser anbieten können.

Asta von Appen,
„Nach dem Halali"
Pastellkreide

UWE BARTELS

Reinhold Stief

Begründer und Vermittler
neuer Formen von Jagd-
musik

K ulturelle Entwicklungen werden ausgelöst durch neue Ideen, aber getragen von Menschen, die sich ihnen verschreiben und bereit sind, ihre ganze Kraft dafür einzusetzen.

Neuerungen entstehen jeweils auf dem Fundament des Überkommenen. Reinhold Stief entwickelte aus einer fundierten Kenntnis musikalischer Zusammenhänge die Idee, alte, bewährte Naturhornklänge zu neuem Leben zu erwecken. Er wollte den Vollklang des Horns – auch auf dem kleinen Signalinstrument „Fürst-Pless-Horn", das man allzuoft wie eine Trompete intoniert hörte.

In den frühen sechziger Jahren hätte es noch klare Demonstrationen für einen möglichst hellen, kristallklaren Signalton gegeben, der die Zierde jeder Feldtrompete ist. Man sah Mundstücke mit kurzen Kesseln, sogar Doppelkesseln, und wurde von manchen bläserischen Vorbildgebern darüber belehrt, dass – wo immer möglich – der kurze, klar abgesetzte Stakkato-Ton erst den Charakter eines Signals ausmache.

Reinhold Stief kannte aus der Literatur die tradierten sehr unterschiedlichen Ansprüche von Militär und Jagd an die Artikulation auf Signalinstrumenten. Er beschreibt sie uns aus den alten Quellen[1]) und verdeutlichte bei seinen Seminaren für musikalische Leiter in praktischen Vorführungen, dass nur der „glockenhaft" angeblasene Ton die volle Resonanz des jagdlichen Signalhorns aufbauen kann mit dem Ergebnis der größten Tragweite. Das war damals eine bedeutende Erneuerung und räumte mit manchem „Infanteriebläser-Zopf" auf.

Dass die gut trainierten Wettbewerbsgruppen heute vor allem durch einen geschlossenen und vollen Klang bei verhaltener Lautstärke hervortreten, ist nicht zuletzt Reinhold Stiefs unermüdlicher Arbeit an der Intonation des Jagdhorns zu verdanken.

Von rechts nach
links:
Reinhold Stief,
Willi Friedl,
Harry Prophet,
Richter beim
bayerischen
Landeswettbewerb
Foto: Willi Friedl

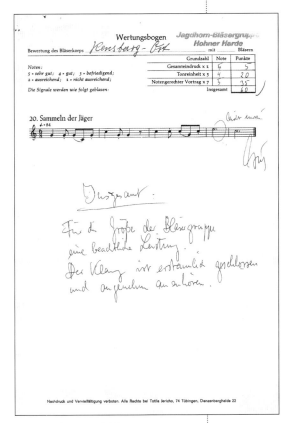

Wertungsbogen mit Eintragungen
von R. Stief.
Quelle: Hans-Jürgen Pössel,
LJV Schleswig-Holstein

Ehrenurkunde Reinhold Stief
Archiv: Sigrid Stief, Ladenburg

Reinhold Stiefs Lebenswerk ist die Aufarbeitung historischer Vorgaben und die pädagogische Umsetzung von Programmen, die den Jagdmusikern ein bundesweites gemeinsames Musizieren ermöglichte. Ihm war dabei immer bewusst, dass einheitliche Formen die Gefahr von Erstarrung in sich tragen, besonders in Wettbewerbssituationen, wo nach standardisierten Mess-Skalen zu beurteilen ist.

Auf Wertungsbogen, die er unterschrieb, finden sich deshalb – auch wenn es wenig Zeit dafür gab – stets pädagogische Hinweise, die eine Verbesserung musikalischer Gestaltung zum Inhalt hatten.

Für die Entwicklungsgeschichte des Fürst-Pless-Horns und des zugehörigen Notenwerks hat Reinhold Stief eine umfangreiche Quellenaufarbeitung betrieben, die späteren Arbeiten als Grundlage dienen konnte.

Durch seine Mitarbeit sind die bis heute gültigen Maßgaben für ein einheitliches Vergleichsblasen entstanden.

Seine erste Ausgabe von „Handbuch der Jagdmusik", Bd. 1, 1969, dient hier als Vorlage für den Nachdruck der wichtigsten Neuerungen für das Blasen des Fürst-Pless-Horns in unserer Zeit.

[1]) R. Stief, Handbuch der Jagdmusik,
Bd. 1, Vorwort

Alle Bläser sind Mitglieder des DJV
Mindestalter 12 Jahre
Einheitliche Jagdkleidung
Beim Wettbewerb Mitwirkung nur in einer Gruppe
Keine Berufsmusiker
Keine Dirigenten vor der Gruppe
Beim Vortrag gegrätschte Beinstellung
Linke Hand an der Hüfte, Finger geschlossen
Gleichmäßiges An- und Absetzen der Hörner

Hörner beim Blasen etwa 45 Grad nach rechts gedreht
Reihenfolge der Gruppen durch Los bestimmt
Signale in der offiziellen Fassung des DJV
Nur Fürst-Pless-Hörner
Das Los bestimmt die von allen Gruppen einer Klasse
 zu blasende Signalgruppe
Aufstieg in höhere Klasse nach Erreichen von
 585 Punkten

Klasse C

Mindeststärke 6 Bläser
4 Signalgruppen zu je 5 Signalen aus den Signalen Nr.

5	17	40	44
10/12	18	41	45
11	19	42	
15	20	43	

Klasse B

Mindeststärke 8 Bläser
5 Signalgruppen zu je 5 Signalen aus den Signalen Nr.

2	8	13	19	41
3	9	15	20	42
5	10	16	36	43
6	11	17	37	44
7	12	18	40	45

Klasse A

Mindeststärke 10 Bläser
5 Signalgruppen zu je 5 Signalen aus allen Signalen

Bundeswettbewerb

Bedingungen wie in Klasse A
Bläsergruppe muß beim Landeswettbewerb mindestens
585 Punkte in Klasse A erreicht haben
Meldung durch den Landesjagdverband

Bewertung

5 Richter
Punktzahl pro Signal aus
a) Note 1 bis 5 (sehr gut) multipliziert mit
b) Grundzahl 1 Gesamteindruck
            5 Tonreinheit
            7 notengerechter Vortrag
Bei jedem Signal beste und schlechteste Bewertung
gestrichen, also pro Signal drei Richterbewertungen
Summe aus den fünf Signalen ergibt Gesamtpunktzahl
der Bläsergruppe

Auszeichnungen

Landeswettbewerb
bei 390 Punkten   — Urkunde
bei 585 Punkten in Klasse C — Hornfesselspange
                                        in Bronce
                    in Klasse B — Hornfesselspange
                                        in Silber
                    in Klasse A — Hornfesselspange
                                        in Gold
Bundeswettbewerb
bei 780 Punkten   — DJV-Spange in Gold

Während bei den Wettbewerben nur die kleinen Fürst-Pless-Hörner erklingen, verwenden viele Bläser-gruppen beim Streckelegen, bei Veranstaltungen oder sonstigen Gelegenheiten gerne zusätzlich Parforce-hörner in B. Oft wird aber das große Horn in der Weise eingesetzt, daß einfach die erste oder zweite Stimme der Fürst-Pless-Hörner eine Oktave tiefer mitgeblasen wird. Es kommt dadurch oft zu schlech-ten musikalischen Zusammenklängen.

In der vorliegenden Notenausgabe sind nun zu allen mehrstimmigen Jagdsignalen Ergänzungsstimmen für Parforcehörner in B beigefügt, die jeder Gruppe die Möglichkeit geben, ihre Parforcehörner richtig zu verwenden. Wie im Chor zu den hohen Stimmen Sopran und Alt die tiefen Stimmen Tenor und Baß erklingen, werden den hohen Fürst-Pless-Hörnern die tiefen Parforcehörner als Tenor und Baß hinzu-gefügt. Die originalen Pless-Horn-Stimmen wurden dabei selbstverständlich nicht verändert. Bei fleißiger Übung kann mit der vorliegenden Ausgabe die Arbeit in der Bläsergruppe sehr interessant gestaltet werden. Jedes Jagdsignal läßt sich zu einer wohlklingenden Fanfare ausbauen.

Möge unser kleines Werk allen Freunden der Jagdmusik eine interessante Lektüre sein und vielleicht zu weiterem Suchen anregen, möge die Notenausgabe aber auch dazu dienen, eine der schönsten Seiten unse-res jagdlichen Brauchtums weiter gedeihen zu lassen.

Im Frühjahr 1969   Reinhold Stief

Allgemeine Bedingungen für das Wettbewerbsblasen
Quelle: R. Stief, Handbuch der Jagdmusik Bd. 1, Vorwort,
F.C. Mayer Verlag, München 1969

Von der Treibjagd 1913 im „Reichswald" am Kaiser Wilhelm=Kanal, veranstaltet vom Kanalpräsidenten Kautz.
Untere Reihe: Konteradmiral Sarnow, Konteradmiral Hipper, Vizeadmiral Aschenborn, Großadmiral von Koester, Präsident Dr. Kautz, Admiral von Arnim, Generalmajor Albrecht, Baron Weber von Rosenkranz. (Phot. A. Renard.)

Als die „Deutschen Jagdsignale" von musikpädagogischer Breitenarbeit noch unberührt waren:

Chefs der kaiserlichen Marine und Wasserstraßenverwaltung beim „Landgang zur Jagd"

Seeleute haben keine Hunde, sind an Bord aber bestens vertraut mit akustischen Signalgebern. So zeigt das alte Bildokument naturgemäß keine Jagdhunde, wohl aber ein Jagd-Signalhorn! Da bei den Fahrensmännern die Kenntnis der landgebundenen „Deutschen Jagdsignale" gleichfalls naturgemäß eingeschränkt gewesen sein dürfte, erhebt sich die Frage, nach welchem Reglement auf der Jagd am „Kaiser-Wilhelm-Kanal" wohl geblasen worden ist?!
Quelle: Wild und Hund, Jahrg. 1913, S. 113

Holm Uibrig

Jagdmusik für Pless-Horn in der DDR

Bei den Gemeinschaftsjagden der Jagdkommandos und Jagdkollektive der Gesellschaft für Sport und Technik, die den Beginn des Jagdwesens in der DDR markieren, gehörten auf Jagdhörnern geblasene Signale nicht zum üblichen Ablauf. Im Gegenteil, Jagdhornblasen galt überwiegend „als etwas Belangloses und eine Marotte einer früheren, überholten Zeit" (Treffz, 1964, S. 59). Waren Jagdsignale dennoch willkommen, nutzten die Bläser vor allem „Fürst-Pless-Jagdhörner". Die Instrumente fanden sich zunächst in verschiedenen Forsthäusern, bei Angestellten der vormaligen Forstverwaltungen, bei Jägern u. a. Die Signale wurden nach der Erinnerung von Jägern und Forstleuten geblasen und vorhandener Literatur entnommen.

Sehr bald wurde auf die jagdpraktsiche Bedeutung von Jagdsignalen hingewiesen. Die Zeitschrift „Forst und Jagd" veröffentlichte erstmalig im Jahre 1955 (S. 17 bis 18) einen Beitrag zum jagdlichen Brauchtum. Danach sollten Jagdsignale aus Gründen der Sicherheit bei kollektiven Jagden zur Anwendung kommen. Junge Jäger wurden aufgefordert, das Blasen des Jagdhorns zu erlernen. Der Text war ein Vorabdruck aus dem Buch „Jagd und Wild" von Hempel, Noack, Sir, Zimpel, das 1955 beim Deutschen Bauernverlag erschien. Kurth (1958) bestätigte den jagdpraktischen Zweck und betonte außerdem den Symbolcharakter verschiedener Signale wie „Begrüßung", „Jagd vorbei" – „Halali". Neuschöpfungen von Jagdsignalen wurden erwartet, ohne auf überlieferte Literatur verzichten zu wollen.

Alter Tradition entsprechend, pflegten Studierende der forstlichen Bildungsstätten wie der forstwissenschaftlichen Fakultäten in Eberswalde und Tharandt und der Ingenieurschulen für Forstwirtschaft das Jagdhornblasen. In Eberswalde z. B. begannen die Studenten im Jahre 1952, einen Hörnerchor aufzubauen (König 1954), an der Ingenieurschule Schwarzburg setzte 1953 systematische Übung im Jagdhornblasen ein (Witticke 1998). Gruppen von Jagdhornbläsern wirkten ebenso an den Berufsschulen der im Jahre 1952 gegründeten Forstbetriebe. Die Verweildauer der Eleven und auch bläserisches Können und pädagogisches Geschick der Leiter der Gruppen bestimmten den Erfolg. Besondere Aktivitäten beim Erlernen des Jagdhornblasens und der Gestaltung von Programmen zeichnete von Beginn an die Betriebsberufsschule in Bernau-Waldfrieden mit Dietrich Böttiger als dem langjährigen Leiter der Bläsergruppe aus.

Im Begleitheft zur „Ersten Jagd- und Trophäenschau Leipzig-Markkleeberg vom 23. August bis 13. September 1959" (MLF 1959) vermisst man Hinweise zum Jagdhornblasen. Das Titelblatt jedoch zeigt in Umrissen einen Horn blasenden Jäger mit Hund. Der zu dieser Ausstellung erstmalig durchgeführte Wettbewerb von Bläsergruppen in der DDR deutet auf eine zunehmende Akzeptanz des Jagdhornblasens hin. In diesem Zusammenhang steht der Aufruf des Jagdkollektivs aus Oberhof im

September 1959, eine Jagdhornbläsergruppe zu gründen, weitere Jäger im Hornblasen auszubilden und so den Gebrauch des Jagdhorns zu verbreiten (Just u. a. 1960).

Die Förderung des jagdlichen Brauchtums und der Jagdkultur insgesamt war im weiteren eng mit den 1962 gegründeten Jagdgesellschaften verbunden. Dies stand im Zusammenhang mit der 8. Durchführungsbestimmung zum Gesetz zur Regelung des Jagdwesens vom 14. April 1962, wonach Jagdgesellschaften mit der Jagdausübung beauftragt wurden. Im Jagdhornblasen geübte Absolventen forstlicher Bildungsstätten beteiligten sich am Aufbau der Bläsergruppen, oder sie wirkten außerdem in Jagdhornbläsergruppen verschiedener staatlicher Forstwirtschaftsbetriebe mit. Bei den vor allem in den Herbstmonaten üblichen

Titelblatt: Markkleeberg
Quelle: H. Uibrig

Gemeinschaftsjagden gehörte Jagdhornblasen in vielen Jagdgesellschaften schon bald zum gewohnten Ablauf, und es wurde dafür geworben (Treffz 1963). Auch wurde das Jagdhorn bei der individuellen Jagdausübung eingesetzt. Dabei waren die Neigung des Jägers und das verfügbare Horn ausschlaggebende Faktoren. Treffz (1964, S. 59) bezeichnet das „sogenannte Plesshorn in B" als „das geeignete im praktischen Jagdbetrieb". Er empfahl, zum Blasen ein Flügelhorn- oder Signalhornmundstück zu verwenden.

Über das Aufstellen von Jagdhorngruppen, das Anbringen von Umwicklung und Fessel am Horn sowie das Anleiten zum Blasen informierte erstmalig Wolfgang Marschner im Jahre 1966 in der Zeitschrift „UNSERE JAGD". Marschner bezieht sich dabei auf das „Pless'sche Jagdhorn" in B (Marschner 1966, S. 237). Für Literatur mit Jagdsignalen nannte er Quellen aus der Bundesrepublik Deutschland und der Tschechoslowakei. In einer Bewertung des Ausscheides der Jagdhorngruppen von 1966 verwies Stoy (1966) auf die unmittelbar zu erwartende Langspielplatte „Und wenn es nicht ums Jagen wär" und das angekündigte Heft „DIE DEUTSCHEN JAGDSIGNALE" im Friedrich Hofmeister Musikverlag Leipzig. In Markneukirchen befand sich mit der Blechblas- und Signalinstrumentenfabrik die Herstellerfirma von Jagdhörnern. Die hier gefertigten „Plesshörner" wurden unter dem Warenzeichen „Weltklang" gehandelt. Weitere Werkstätten wurden 1972 in einem größeren Betrieb mit der Bezeichnung „VEB Sinfonia" zusammengefasst.

Der Stückpreis für „Plesshörner" ohne Stimmzug und mit Filzumwicklung lag anfänglich bei wenig über 20 Mark.

Die Jagdgesellschaften waren von den Jagdbehörden beauftragt, im jeweiligen Territorium wirksam zu werden. Jährliche Arbeitspläne wurden in Wettbewerbsprogrammen festgelegt. Jagdhornblasen war ein besonders gut geeignetes Mittel öffentlicher Betätigung und ließ sich in vielfältiger Weise mit weiteren Aspekten der Jagdkultur wie Weidmannssprache, Jagdkleidung, Jagdhunde, mit Jäger- und Waldliedern im Bereich der volkstümlichen Musik bis hin zur Kunstmusik verknüpfen. Bläsergruppen von Kindern und Jugendlichen an Schulen wurden im Rahmen organisierter außerunterrichtlicher Tätigkeit unterstützt. Im Jahre 1966 trat mit der Kinder- und Jugendgruppe Quedlinburg erstmalig eine derartige Gruppe am zentralen Wettbewerb im Jagdhornblasen auf (Anonymus 1972).

Die bis gegen Ende der sechziger Jahre zögerliche Beteiligung von Bläsergruppen der Jagdgesellschaften an Leistungsvergleichen beruhte nicht so sehr auf dem Mangel an Bläsern. Ein wichtiger Hinderungsgrund war die bis dahin geringe Anzahl von Personen, die interessierten Jägern jeden Alters das Jagdhornblasen lehren und eine Bläsergruppe leiten konnten. Exemplarisch charakterisierte G. Leidel (1970) diesen Umstand für die Jagdgesellschaft Klingenthal im Vogtland. Erst das Engagement eines Mannes vom Fach, der Mitglied der Jagdgesellschaft geworden war, fügte elf Jäger und zwei Jugendliche in einer aktiven Bläsergruppe zusammen.

Das in der Arbeitsgruppe Jagdliches Brauchtum bei der Obersten Jagdbehörde der DDR gebildete Aktiv Jagdmusik widmete sich der Förderung und Qualifizierung des Blasens von Jagdhörnern. Franz Stoy, der Leiter des zentralen Forstorchesters, war der erste Vorsitzende dieses Aktivs. Im Jahre 1974 übernahm Hermann Schaefer und zwei Jahre später Wolfgang Kleinert diese Funktion (Kleinert 1998). Das Wirken von Manfred Patzig im Aktiv Jagdmusik soll als Beispiel genannt werden. Selbst Blechbläser von Beruf und mit seiner im Jagdhornblasen tätigen Familie vermittelte er vielen Leitern von Gruppen und Anfängern durch gemeinsame Übung traditionelle Jagdsignale und Neuschöpfungen für Bläsergruppen. Er verstand es auch, Hemmungen im Vortrag von Bläserstücken abzubauen und Freude am gemeinsamen Blasen des Jagdhorns zu entwickeln. Erste Kompositionen von M. Patzig wie der Jägermarsch „Jagd frei" im Jahre 1968 sowie „Aufbruch zur Jagd" fanden rasch Aufnahme in Übung und Vorträge der Gruppen. Der Abdruck der Spielstücke in „Unsere Jagd" (1968, S. 30 u. a.). trug bei, die Literatur für die Bläser leicht zugänglich zu machen.

Für diesen Zeitraum sind weitere Autoren zu nennen wie Franz Stoy, Helge Jung, Hermann Schaefer, Willibald Winkler, Herbert Heinrich, Herbert Dehmel u. a. Einen festen Platz im jagdpraktischen Brauch fand das Signal „Aufbruch zur Jagd". Bei jagdlichen Veranstaltungen und auch Leistungsvergleichen wurden häufig intoniert „Intrada", „Hörnerklang" von M. Patzig, „Morgenpirsch" von H. Heinrich, „Der Kuckuck" von W. Winkler.

Ein weiteres für die Verbreitung des Jagdhornblasens sehr förderliches Ereignis waren ohne Zweifel die Darbietungen der Kinderbläsergruppe Herschdorf (Thüringer Wald) unter Leitung von Günter Hunstock zur Weltjagdausstellung in Budapest vom 27. August bis 30. September1971.

Wichtige Hinweise für das öffentliche Auftreten von Jagdhornbläsern waren dem Buch „Jagdliches Brauchtum" (Lemke, Stoy 1971) zu entnehmen. Das am häufigsten geführte Horn wird dabei als „Jagdhorn in B" bezeichnet. Die beigefügte Schallplatte vermittelte die Auffassung des Aktivs Jagdmusik für die Interpretation der traditionellen deutschen Jagdsignale.

Die Zahl von Jagdhornbläsern stieg seit Ende der sechziger Jahre rasch an. Allein im Bezirk Schwerin verzehnfachte sich die Zahl der in Gruppen tätigen Bläser von 20 im Jahre 1970 auf 200 im Jahre 1980. Gleichzeitig wurden 14 Gruppen von Kindern und Jugendlichen mit 120 Bläsern gebildet (Voß u.a. 1989). Hierbei wirkte sich die zusätzliche Einbindung interessierter Bläsergruppen im volkskünstlerischen Schaffen und dementsprechender Fördersysteme aus. Spezielle Arbeitsprogramme wurden vereinbart. Besondere Leistungen im volkskünstlerischen Schaffen der Gruppen wurden durch Urkunde und eine Medaille aus braunem

Meissner Steinzeug anerkannt. Das Engagement der Bläsergruppen auch außerhalb traditionell jagdlicher Prägung verstärkte sich. Dem entgegen kam die in staatlichen Plänen festgelegte zunehmende Produktion von Jagdhörnern und die Fertigung von „Plesshörnern mit Maschine" in Markneukirchen (Uibrig 1983), die für anfänglich knapp 170 Mark und später bis zu rund 370 Mark erworben werden konnten. Diese Hornform wird im Buch „JAGDLICHES BRAUCHTUM" (Lemke, Stoy 1977) als

  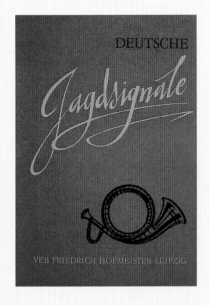

Quelle: H. Uibrig

„B-Ventiljagdhorn" bezeichnet. Vielfach unterstützten Jagdgesellschaften, Forstwirtschaftsbetriebe oder andere Trägerinstitutionen die Gruppen durch den Ankauf der Instrumente und den Erwerb von Kleidung vor allem für Kinder und Jugendliche.

Mit dem Blasen der chromatischen Tonleiter erweiterte sich das Repertoire der Gruppen sehr rasch. Für die Verbesserung der Blastechnik wurden Ausbildungskurse für Jagdhornbläser im volkskünstlerischen Schaffen der verschiedenen Bezirke angeboten. Die Kulturakademie des Bezirkes Dresden z. B. unterrichtete mit Lehrern für Blechblasinstrumente die gesamte Bläsergruppe der Tharandter Forststudenten in einem Wochenlehrgang. Ebenso förderte die Mitwirkung von Musikern in den Jagdgesellschaften das bläserische Niveau der Jagdhornbläsergruppen und so die Attraktivität der Darbietungen für die Öffentlichkeit.

Die Fortbildung für die rasch steigende Zahl von Leitern der Jagdhornbläsergruppen an der Landwirtschafts- und Jagdschule in Zollgrün bei Schleiz sowie im Rahmen von Arbeitsgruppen „Jagdliches Brauchtum" der Bezirke diente ebenso der blastechnischen Unterweisung der Bläser, vor allem aber der fortgesetzten Förderung, der Bestimmung und Wahrung des jagdkulturellen Charakters des Jagdhornblasens. Der erste Lehrgang für Bläsergruppenleiter in Zollgrün fand im August 1968 und

von 1975 an regelmäßig unter Leitung des Aktivs Jagdmusik der Arbeitsgemeinschaft Jagdliches Brauchtum statt (Stoy 1968; Uibrig 1975). Mit einer Artikelserie „Wie lieblich schallt's durch Busch und Wald ..." in der Zeitschrift „Unsere Jagd" bereitete W. Winkler (1974) diese Ausbildung vor. Im Jahre 1976 veröffentlichte „Unsere Jagd" Hinweise von W. Winkler für das Einstudieren der Pflichtsignale für den bevorstehenden Leistungsvergleich (Winkler 1976).

Eine erste Sammlung von Spielstücken für Jagdhornbläsergruppen erschien im Jahre 1973 im Friedrich Hofmeister Musikverlag Leipzig. Das von M. Patzig herausgegebene Heft enthielt eine kurzgefasste Geschichte des Jagdhorns, Anleitung zum Blasen sowie Signale und Spielstücke für Gruppen mit Naturhorn, mit Ventilhörnern und gemischte Gruppen. Im Lied der Zeit Musikverlag Berlin wurde 1978 das von Konrad Kutzner herausgegebene Büchlein „Auf, auf zum fröh-

LICHEN JAGEN" veröffentlicht. Es enthielt u. a. Lieder und Bläserstücke, die von Willibald Winkler ausgewählt und eingerichtet waren. Im gleichen Verlag veröffentlichte er im Jahre 1980 mit „HÖRT IHR DER HÖRNER MUNTERES SCHALLEN" eigene Kompositionen für Jagdhornbläsergruppen unterschiedlicher Ausstattung mit Instrumenten.

Für diese Entwicklung stehen eine sehr große Zahl und Vielfalt jagdkultureller Veranstaltungen, an denen Bläsergruppen mitwirkten. Beispiele sind jährliche Jagdkonzerte mit dem Männerchor Bergfinken und der Jagdhörnergruppe der Jagdgesellschaft Einsiedel an historischen Orten im Bezirk Dresden wie Schloss Moritzburg und Rammenau, Albrechtsburg Meissen, Zwinger in Dresden seit 1969, gemeinsame Konzerte des Bergsteigerchores Kurt Schlosser und Jagdhornbläsern am Schrammtor in der Sächsischen Schweiz, die Veranstaltungsreihe „Ins Horn gestoßen" in Cottbus unter Mitwirkung von Unterhaltungskünstlern und Jagdhornbläsern. Das von 1983 an jährlich neue Programm „Auf, auf zum fröhlichen Jagen" der Jagdgesellschaften des Bezirkes Dresden, der Arbeitsgruppen Jagdkultur/Brauchtum, Jagdhundewesen sowie

Programm eines Jagdmusik-Konzerts
im Kulturpalast Dresden
Quelle: H. Uibrig

Falknerei und Greifvogelschutz in Dresden und ähnliche Veranstaltungen in Karl-Marx-Stadt prägte Rolf Mäser durch Gestaltung und auch Moderation.

Für Leipzig ist das wiederholt durchgeführte „Fest des Waldes und der Jagd" mit Darbietungen der Jagdhornbläsergruppen, Trophäenschau, Jägerball, jagdlichem Schießen u. a. weit über die regionalen

Grenzen hinaus bekannt geworden, in Potsdam das „Jagdfest". Das jährliche Kreisjägerfest Gotha in Friedrichroda war an erster Stelle auf die Urlauber im Thüringer Wald zugeschnitten.

Der Bedarf an geeigneter Bekleidung übertraf für viele Jahre das Angebot bei weitem. Die Mitteilung, dass Jagdbekeidung ab 1. Januar 1974 durch Vorlage der Jagderlaubnis in Verkaufsstellen „Spezialausstatter" und Industrieläden „Suhler Jagdhütten" auch ohne entsprechenden Berechtigungsschein erworben werden konnte, erleichterte die Ausstattung der Gruppen von Bläsern (Anonymus 1973). Für Kinder und Jugendliche entworfene jagdliche Bekleidung wurde vom Herstellerbetrieb in Leipzig im Jahre 1980 vorgestellt, der Verkauf für 1982 angekündigt (Anonymus 1980).

Die rasche Entwicklung des Jagdhornblasens zeigen ebenso die Leistungsvergleiche der Bezirke und auf zentraler Ebene (vgl. Tab. 1). Im Jahre 1970 verzeichnete z. B. dieser Wettbewerb in Klingenthal für den Bezirk Karl-Marx-Stadt schon 14 Gruppen mit 100 Bläsern (Heinrich 1970). Zum zentralen Vergleich desselben Jahres reisten 27 Gruppen an, nachdem sich nur 17 angemeldet hatten (Mäser 1970). Der erste zentrale Leistungsvergleich außerhalb des traditionellen Ortes Markkleeberg fand 1971 in Berlin statt (Anonymus 1971). Er markierte gleichzeitig das Ende DDR-offener Wettbewerbe im Jagdhornblasen. Danach waren es die erstplatzierten Gruppen der Leistungsvergleiche in den Bezirken, die zum zentralen Wettbewerb durch die Jagdbehörden delegiert wurden. So konnten Zeitdauer des Wettbewerbs und Teilnehmerzahl begrenzt werden. Für regionale Leistungsvergleiche waren alle Gruppen im Territorium durch Jagdbehörden und Jagdgesellschaften aufgefordert. Im Unterschied dazu blieben die Gruppen der forstlichen Bildungsstätten grundsätzlich zur Teilnahme an den Leistungsvergleichen aufgerufen. Auch wurden für die Bildungsstätten jährlich Wettbewerbe ausgeschrieben. Das war mit dem raschen Wechsel der Bläser begründet.

Im Jahr 1973 veröffentlichte die Oberste Jagdbehörde eine Anweisung zur Bewertung in Leistungsvergleichen, um dieselben Maßstäbe für die Beurteilung der Vorträge bei unterschiedlichen Veranstaltungen anzuwenden. Die differenziertere Beurteilung der bläserischen Leistungen der Gruppen erlaubte eine Ergänzung aus dem Jahre 1978. Rhythmik, Intonation und Ausdruck mit jeweils bis zu 10 Punkten bildeten die drei wichtigsten Bewertungskriterien für die Bläserstücke. Zunächst wurden die mit der Ausschreibung bekanntgegebenen Pflichtsignale (vgl. Tab. 2) in festgelegter Reihenfolge vorgetragen. Drei weitere Bläserstücke wählten die Gruppen frei aus. Hierfür wurde auch die Schwierigkeit in die Bewertung aufgenommen. Die Punktzahl bis zu maximal 10 war vom Aktiv Jagdmusik so festgelegt, dass der gute Vortrag die Schwierigkeit ausglich und überwog. Außerdem waren gesprochenes Wort im Sinne einer Kurzprogrammgestaltung und das Auftreten der Gruppen in die Beurteilung einbezogen. Die von den Jagdbehörden berufenen Jurys

Hörner aus der DDR

Welche Unterschiede oder Gemeinsamkeiten die Jagd-Signalhörner nach Pless'schen Muster aus der DDR auch immer haben mochten, in einem stimmten alle überein. Ihnen fehlte grundsätzlich die Bezeichnung „Fürst Pless".

Es gab im DDR-Regime unterschiedliche Phasen der Behandlung von privaten Herstellerbetrieben. Über die Duldung von Einzelherstellern dominierte zunehmend die Enteignung und Zusammenfassung in Kombinaten, die als „VEB, volkseigene Betriebe" firmierten.

Am bekanntesten wurden die B&S- Instrumente der VEB Blechblas- und Signalinstrumenten-Fabrik Markneukirchen.

Diese staatlichen Fertigungsstätten nutzten weitgehend die Substanz von ehemals Max B. Martin .

Bei den hier untersuchten Exemplaren handelt es sich um Exporthörner aus den achtziger Jahren. Die Hörner besitzen eine gleichmäßige und gute Serienqualität.

Aus den B&S- Werkstätten kann man auch heute noch Hörner beziehen. Sie unterscheiden sich äußerlich von den DDR-Instrumenten lediglich durch das Fehlen der Prägung „Made in GDR" auf dem Mundrohr.

Original-Briefbogen der VEB Blech-
blas-und Signalinstrumentenfabrik
Markneukirchen, DDR.

Herstellung von Jagdhörnern nach Fürst v. Pless'schem Muster in der DDR, Markneukirchen – Klingenthal/Vogtland um 1960
Fotos: H. Uibrig

bildeten Berufsmusiker und Mitglieder der AG Jagdliches Brauchtum.

Einen Höhepunkt für Aktive und das zahlreiche Publikum stellte ohne Zweifel der zentrale Leistungsvergleich 1977 in Schwerin dar. Die Örtlichkeit des Alten Gartens in Schlossnähe unmittelbar am Schweriner See bildete die Kulisse einer jagdkulturellen Veranstaltung, die weit über den Vergleich bläserischen Leistungsstandes hinausging und zum bleibenden Erlebnis für die Bläser, Sprecher, Betreuer und Gäste wurde.

Mit 450 Aktiven verzeichnete der zentrale Vergleich im Jahre 1982 in Meiningen einen Teilnehmerrekord. Dazu hatte die Aufnahme des Parforcehorns als Bewertungskategorie beigetragen, und es war eine Reaktion auf die 1980 und 1981 fehlenden Veranstaltungen dieser Art. Allein die Resonanz beim Publikum war aufgrund der Vielzahl von Veranstaltungen im Rahmen der 1.000-Jahr-Feier der Stadt geringer als erwartet.

In Auswertung der Ergebnisse empfahl das Aktiv Jagdmusik, beim Erschließen klassischen Musikerbes auf den jagdlichen Charakter und vor allem auch die Eignung für Jagdhornbläsergruppen zu achten (Kleinert 1982). Das für Jagdhörner geschaffene Erbe und Neuschöpfungen von Bläserstücken sollten vorrangig genutzt werden. Eine weitere Schlussfolgerung betraf die Bindung der Bläsergruppen an die Jagdgesellschaften. Diese sollte durch die große Vielfalt volkskünstlerischen Engagements besonders leistungsfähiger Gruppen nicht verlorengehen oder aufgegeben werden. Mit dem neuen Jagdgesetz im Jahre 1984 wurde ausdrücklich bestimmt, dass Jagdhornbläser ohne Jäger zu sein Mitglied der Jagdgesellschaft werden konnten. Das vergrößerte erneut die Zahl von Bläsern und Gruppen.

Für die Jagdhorngruppen der forstlichen Bildungsstätten erwies sich der Leistungsvergleich 1985 in Schwarzburg im Thüringer Schiefergebirge als ein herausragendes Ereignis. Der Wettbewerb war Bestandteil eines Internationalen Mehrkampfes der Forstfachschulen europäischer RGW-Länder. Die Darbietungen der insgesamt 12 Bläsergruppen mit 110 Bläsern hatten mit den Forststudenten aus Bulgarien, Polen, Rumänien, der Sowjetunion, Tschechoslowakei, aus Ungarn und der gastgebenden DDR ein fachkundiges und überwiegend jugendliches Publikum. Den Bläsern blieb ebenso das abendliche Jagdkonzert im Kultursaal „Heinrich Mann" von sechs am Wettbewerb teilnehmenden Gruppen, der Parforcehorngruppe Gera, der Kinderbläsergruppe Lauscha und eines Männerchores aus dem Kreis Rudolstadt in Erinnerung.

Der Wettbewerb „Volkskünstlerisches Schaffen der Jäger" im Jahre 1985 (Anonymus 1985) regte u. a. zu neuen Kompositionen für Jagdhörner an, und die Vielfalt der Literatur für Bläsergruppen erweiterte sich. Für die Teilnahme waren Mitglieder der Jagdgesellschaften berechtigt, außer beruflich als Musiker Tätige. Im Ergebnis wurden Kompositionen von Herbert Dehmel, Andreas Schlosser und Holger Garn mit den ersten drei Preisen bedacht (Anonymus 1986). Beim Friedrich Hofmeister Musikverlag wurden zwei Hefte mit Jagdmusik vorbereitet, die sowohl Neuschöpfungen als auch historische Spielstücke für Jagdhörner und Bearbeitungen häufig vorgetragener Jagdlieder enthielt. Die Herausgabe gelang jedoch erst im Jahre 1991.

Zum Leistungsvergleich im Jagdhornblasen im Jahre 1986 wurde durch das Einbeziehen von Oktavhörnern in Gruppen mit Plesshorn und/oder Ventiljagdhorn inzwischen üblicher Praxis gefolgt. Bei den Gruppen der forstlichen Bildungsstätten wurde nach 2-jähriger und 3- bzw. mehrjähriger Ausbildungszeit unterschieden. Damit sollte Argumenten der Chancenlosigkeit von Gruppen an Berufsschulen begegnet und möglichst viele des forstlichen Nachwuchses zum Jagdhornblasen angeregt werden (Kleinert 1986).

Verschiedene Arbeitsgruppen „Jagdliches Brauchtum" der Bezirke erweiterten die Betätigung der Jagdhornbläser, indem die Gruppen durch Darbietungen von Bläserstücken jagdlichen Charakters und gesprochenen Wortes um Pokale wetteiferten. Die rege Beteiligung ist u.a. darauf zurückzuführen, dass sich nicht in regionalen Leistungsvergleichen qualifiziert werden musste. Weithin bekannte Pokalwettbewerbe waren die auf Schloss Osterstein in Gera oder Schloss Rheinsberg.

Des weiteren boten Programme jagdkultureller Art zum Tag der Forstarbeiter eine Bühne für Jagdhornbläsergruppen. Im zweijährigen Turnus durchgeführte Arbeiterfestspiele der Gewerkschaften bildeten den Rahmen. Orchester, Jagdhornbläsergruppen und Chöre wurden in verschiedenen Bezirken zu Jagdmusikkorps zusammengeführt. Hierbei war der Bezirk Cottbus beispielgebend.

Außerdem stieg die Zahl der Aufforderungen für Einsätze der Jagdhornbläsergruppen in Sendungen von Rundfunk und Fernsehen, bei Veranstaltungen von Betrieben der Industrie sowie Land- und Forstwirtschaft, von staatlichen und nichtstaatlichen Organisationen, bei Empfängen von Gästen aus dem In- und Ausland. Das zünftige Auftreten der Gruppen, überraschender Unterhaltungseffekt und sicher auch die geringen Kosten für die Bläsergruppen von Laien mögen dafür geltend gemacht werden. Vor allem aber dürfte die gestiegene künstlerische Qualität der Darbietungen maßgebliche Begründung sein.

Dennoch sei folgendes nicht vergessen: Es verblieb ebenso Raum für das Blasen des Jagdhorns durch den einzelnen Jäger und auch von Gruppen von Bläsern zu gemeinschaftlichen Jagden, ohne sich der Mühe regelmäßiger Übung zu unterziehen oder an Treffen von Jagdhornbläsergruppen teilnehmen zu müssen. Die traditionellen deutschen Jagdsignale und das Horn aus dem Rucksack genügten diesem Anspruch. Bewertungskriterien der bläserischen Qualität waren hierbei ohne Belang. Und Jagdhörner dienten mitunter ausschließlich als Wandschmuck, wie das sicher schon seit vielen Jahrzehnten der Fall gewesen war.

Mit dem zentralen Leistungsvergleich der Jagdhornbläsergruppen in Eisenhüttenstadt an der Oder vom 16. bis 17. Juni 1990 endete die aktive Entwicklung des Jagdhornblasens der DDR.

Für ihre wertvolle Unterstützung bei den Recherchen und Hinweise zum Beitrag danke ich herzlich Herbert Dehmel, Wolfgang Kleinert, Dr. Rolf Mäser, Ingrid und Roland Nösel, Manfred Patzig, Helmut Witticke.

Tabelle 1: Zentraler Leistungsvergleich im Jagdhornblasen der DDR

Jahr	Datum	Ort	Wertungsgruppen				Bemerkungen
			Jagd-gesell-schaften	Kinder und Jugend	Parforcehorn	Forstliche Bildungs-stätten	
1959	23.08.-13.09.	Markkleeberg				"	1.Jagd- und Trophäenschau der DDR
1960						"	
1961						"	
1962		Markkleeberg				"	Bildung der Jagdgesellschaften
1963						"	
1964						"	
1965	*26.06.*	*Markkleeberg*	*2*			*12*	*1. DDR-Ausscheid für Jagdgesellschaften*
1966	25.-26.06.	Markkleeberg	zahlr.	1		9	
1967	15.07.	Markkleeberg	12	dav. 1			ca. 100 Aktive
1968	*03.07.*	*Markkleeberg*				"	
1968	13.07.	Markkleeberg					III. Ausscheid
1969		Markkleeberg					IV. Ausscheid
1970	06.	Markkleeberg	20	7			V. Ausscheid, 150 Aktive,
1971	24.10.	Berlin					letzter DDR-offener Leistungsvergleich
1972							
1973	17.06.	Merseburg	13	7	1		160 Aktive
1973	*21.06.*	*Markkleeberg*				*8*	
1974	22.09.	Gera	15	11			
1974	*29.06.*	*Markkleeberg*				*11*	
1975	28.06.	Dresden	17	13		10	360 Aktive
1976	04.-05.09.	Seega	19	17		6	
1977	25.-26.06.	Schwerin	17	13		6	298 Aktive
1978	02.-03.09.	Oberhof	18	15	2	4	371 Aktive, 26 Gruppen
1979	01.-02.09.	Seega	15	14	4	5	327 Aktive
1980	*28.06.*	*Markkleeberg*				*5*	
1981	*27.06.*	*Markkleeberg*					
1982	18.-19.06.	Meiningen	17	13	4	7	450 Aktive
1983	*30.06.*	*Markkleeberg*				*9*	
1984	30.06.-01.07.	Spremberg	14	12	5	10	330 Aktive max. 12 pro Gruppe
1985	*05.09.*	*Schwarzburg*				*12*	*110 Aktive*
1986	*05.-06.07.*	Markkleeberg	16	12	3	9	*Bildungsstätten: 2 Jahre oder 3 u. mehr Ausbildungsjahre*
1987	*16.05.*	*Berlin*				*10*	*115 Aktive*
1988	07.-08.05	Erfurt	14	12	5	10	
1989	*03.06.*	*Bernau*				*12*	*7 : 2 Jahre Ausbildung, 5 : 3 oder mehr Jahre*
1990	16.-17.06.	Eisenhüttenstadt	13	7	2	6	307 Aktive

Kursiv: Forstliche Bildungsstätten

Tabelle 2: Pflichtsignale zu den Leistungsvergleichen im Jagdhornblasen der DDR

Jahr	Pflichtsignale
bis 1965	Freie Auswahl
1966	Langsam treiben; Zum Essen, Fuchs tot
1967	
1968	Begrüßung; Hirsch tot
1969	
1970	Muffel tot, Reh tot *
1971	
1972	
1973	Das Ganze – langsam treiben; Damhirsch tot; Jagd vorbei – Halali
1987	
1974	Aufmunterung im Treiben; Flugwild tot; Muffel tot
1975	Hunderuf; Damhirsch tot; Sau tot
1976	Elch tot; Flugwild tot; Wild ablegen
1977	Aufbruch zur Jagd (M. Patzig); Gams tot; Aufmunterung im Treiben
1978	Sammeln der Jäger; Hohes Wecken; Reh tot
1979	Sammeln der Schützen, Hirsch tot; Jagd vorbei – Halali
1980	Hunderuf, Sau tot; Fuchs tot
1981	Begrüßung, Aufbruch zur Jagd (M. Patzig); Muffel tot
1982	Begrüßung, Aufbruch zur Jagd (M. Patzig); Muffel tot
1983	
1984	Hohes Wecken, Leichter Jägermarsch (M. Patzig), Damhirsch tot
1985	
1986	Aufbruch zur Jagd (M. Patzig); Sammeln der Schützen, Hirsch tot
1987	Das Ganze – langsam treiben; Reh tot; Jagd vorbei – Halali
1988	Das Ganze – langsam treiben; Reh tot; Jagd vorbei – Halali
1989	Aufmunterung im Treiben; Wagenruf; Sau tot
1990	Sammeln der Jäger; Das Ganze – langsam treiben; Reh tot; Sau tot; Jagd vorbei – Halali

Bemerkungen:
Pflichtsignale generell unisono
* zweistimmig
** drei Signale durch Los in zwei Wertungsgruppen

Foto: Feddersen/Held

Martin Held

Das Fürst-Pless-Horn bei den reiterlichen Bläsern der „Jagdhornbläser-Gilde e. V."

D ie Gilde ist ein Zusammenschluss reiterlicher Jagdhornbläser und stellt sich somit von der Ausstattung her auch durch Reitkleidung mit in der Regel schwarzer Kappe, rotem oder schwarzem Rock, weißem Hemd, Plastron, weißer Hose und Reitstiefeln dar. Ihre Mitglieder stammen aus Reit-, Fahr- und Rennvereinen, Reitervereinigungen und Reitergruppen/Reiterstaffeln sowie Gesellschaften oder Gruppen für Jagdreiterei und ihren Freunden. Die Namengebung Gilde ist der mittelalterlichen Zunft des 12. Jahrhunderts entlehnt, seinerzeit ein Zusammenschluss zu Fachverbänden, z. B. von Kaufleuten oder Handwerkern. Sie dienten der Vertretung und dem Schutz spezifischer Interessen, des Arbeitsplatzes und der Arbeitsleistung sowie einheitlicher Ausbildung und Entwicklungen. Im 16. Jahrhundert trat allmählicher Verfall der Zünfte ein; sie wurden nach Eintreten der Gewerbefreiheit 1869 aufgelöst.

Die Jagdhornbläser-Gilde wurde offiziell am 28./29. Dezember 1976 in Erbach/Odenwald gegründet. Vorangegangen war eine Fragebogenaktion an interessierte reiterliche Jagdhornbläsergruppen durch den Initiator Ludger Schröder vom Jagdhornbläsercorps der Reit- und Fahr-Vereinigung Bad Wörishofen. Es wurden Vorschläge der Namengebung des zu gründenden Verbands unterbreitet, Grundsätze der inneren Organisation entwickelt, Daten zur Gruppenstruktur – wie Anzahl der Bläser, Instrumentalstimmung etc. – und Kontaktadressen der technischen und musikalischen Leitung abgefragt, sowie Interesse an Mitgliedschaft, Wettbewerben, Notensammlungen und Rundschreiben erkundet. Bei dieser Meinungsumfrage kam auch bereits die Ehrenamtlichkeit und Gemeinnützigkeit zur Sprache. Die eingegangenen Beitrittserklärungen ermutigten zur Einladung einer Gründungsversammlung, bei der zunächst eine Satzung zu beschließen und dann ein Vorstand zu wählen waren. Seit dem 15. März 1977 ist die Gilde beim Registergericht in Memmingen als Verein eingetragen und am 18. Oktober 1977 als gemeinnützig nach §§ 51 ff AO durch das Finanzamt Memmingen anerkannt. Die Gilde ist seit dem 16. Juni1977 außerordentliches Mitglied in der Deutschen Reiterlichen Vereinigung (FN). Dabei war es das Ziel, eine enge Verbindung zwischen Reitern und Jagdhornbläsern zu schaffen und zu dokumentieren. Es bestand die Vorstellung, dass die Freude an der Jagdreiterei und dem Hörnerklang sowie die Liebe zum Pferd eine breite Basis für reiterliche Kameradschaft bietet, von der Impulse für Reiter und Jagdhornbläser ausgehen. In diesem Zusammenhang wird auch Kontakt zu den Meutehaltern und Schleppjagdvereinen bzw. -verbänden gehalten.

Der satzungsgemäße Auftrag des Verbandes

Die Satzung des Gründungsjahres, 1976, wurde in der Folgezeit mehrfach geändert, verbessert sowie der zeitlichen und rechtlichen Entwicklung angepasst; so geschehen durch Beschluss der Jahreshauptversammlungen am 22. April 1978 in Bad Rappenau, am 10. März 1984 und 16. März 1991 in Ronshausen und am 15. März 1997 in Otzenhausen.

Der Zweck des Verbandes ist in § 2 der zur Zeit gültigen Satzung in der Fassung vom 15. März 1997 geregelt. Als deutscher Dachverband der reiterlichen Jagdhornbläser und Vereinigung der Freunde und Förderer jagdreiterlicher Bläsertradition hat sich die Gilde die Aufgabe gestellt, diese Tradition zu pflegen und zu verbreiten sowie die Gemeinschaft unter den Mitgliedern zu fördern. Damit will die Gilde das Jagdreiten unterstützen. Um den Leistungsstand und die Kenntnis der reiterlichen Jagdmusik zu fördern, zu prüfen und zu bestätigen, veranstaltet die Gilde Wettbewerbe auf Landes- und Bundesebene. Für die Durchführung solcher Wettbewerbe hat die Gilde verbindliche Richtlinien herausgegeben, die sich in einer Jagdhornbläser-Prüfungsordnung niederschlagen. Um die deutsche Bläsertradition zu pflegen, bemüht sich die Gilde um die Beschaffung und Erhaltung historischer sowie um die Förderung neuer Jagdmusiken. Die Gilde unterstützt insbesondere die Aus- und Fortbildung ihrer Mitglieder durch Ausrichtung von Seminaren, Vermittlung von Ausbildern, Instrumenten, Noten und Interpretationshilfen. Zur Pflege der Gemeinschaft unter den Mitgliedern veranstaltet die Gilde in regionalen Bereichen Bläsertreffen, Vorträge, Seminare, gemeinsame Übungsabende und andere jagdhornbezogene Veranstaltungen.

Die Jagdhornbläser-Prüfungsordnung (JaPo) für die Durchführung von Wettbewerben

Die erste Prüfungsordnung datiert vom Dezember 1978. Sie enthielt Elemente der DJV-Wettbewerbe und Ergebnisse eigener Umfragen und Erfahrungen. Im Jahr 1983 befassten sich der Vorstand und ein dafür gegründeter Ausschuss mit einer Überarbeitung der bestehenden Prüfungsrichtlinien, zugleich mit der Anpassung, aber auch Neuformulierung sowie Einbringung und Berücksichtigung des Es-Parforcehorns.

Die Jagdhornbläser-Prüfungsordnung von 1984 begründete sich nach den vorangegangenen Diskussionen auf einen klaren Auftrag, nämlich sich um das Blasen in den Instrumentalstimmungen B und Es zu kümmern. Hierfür waren Prüfungsrichtlinien festzulegen, denen die in Deutschland beheimateten und in der Gilde vorhandenen und gebräuchlichen Naturinstrumente zu Grunde liegen. Dies sind das Fürst-Pless-Horn und der Sauerländer Halbmond in B sowie das Parforcehorn in B und Es bzw. das Umschalthorn in B/Es. Das Parforcehorn in D sollte kein Gegenstand von Betrachtungen, Zielen und Nachahmungen innerhalb der Gilde sein. Diese Grundsätze haben sich bis heute erhalten und schlagen sich auch in der Jagdhornbläser-Prüfungsordnung 1996 nieder, wenn auch eine Tendenz der Öffnung der Gilde zum Parforcehorn in D erkennbar ist, die entsprechend den satzungsgemäßen Möglichkeiten Schritt für Schritt erfolgen soll.

In Erfüllung ihres Auftrags, den Leistungsstand der Mitglieder zu prüfen und zu bestätigen, veranstaltet die Gilde Jagdhornbläser-Wettbewerbe, die nunmehr auf Bundesebene alle zwei Jahre – in den geraden Jahreszahlen – stattfinden. Zugelassen sind ausschließlich Jagdhörner der europäischen Jagdtradition in der Stimmung B und Es (Naturhörner). Die Wettbewerbe werden nach Instrumentalstimmungen getrennt ausgeschrieben.

Die Bewertung erfolgt in ganzen Punkten entsprechend einer Wertungsskala durch fünf Richter in getrenntem Richtverfahren. Die zu bewertenden Kriterien sind:

Gesamteindruck: Auftreten, korrekte Bläserkleidung, Ausrichtung der Instrumente

technische Wertung: Tonqualität, Treffsicherheit, Geläufigkeit, Artikulation wie z. B. Anstoß/Tongestaltung, Kondition

musikalische Wertung: Erfassen des Werks, musikalischer Ausdruck, Zusammenspiel, Intonation, wie z. B. Stimmung der Hörner, Ausgewogenheit der Stimmen, Phrasierung, Rhythmus, Dynamik, Tempowahl, Stiltreue.

Die Gilde bestätigt den teilnehmenden Gruppen durch Verleihung von Leistungsurkunden in Gold, Silber und Bronze den Leistungsstand. Nach der erreichten Höchstpunktzahl wird aus den Instrumentalstimmungen B und Es jeweils der Bundessieger ermittelt. Seit 1984 finden bei Wettbewerben im Rahmen eines Sonderregisters Blasen zu Pferde auch berittene Prüfungen als Einzelwettbewerb statt. Der Wettbewerb ist in die Register B und Es unterteilt, in denen neben den Parforcehörnern auch das Fürst-Pless-Horn geblasen wird. Die Ausscheidungen werden gewertet nach den Kriterien der JaPo nach Blasen, Reiten und Gesamteindruck, durch musikalische und reiterliche Richter. Die zu blasenden Solofanfaren und Signale in Stand, Trab und Galopp sind jeweils vorgeschrieben. Die Prüfung schließt ab mit einem Gehorsams-Sprung. Seit 1998 werden gesondert neben den Wettbewerben für Mitgliedsgruppen auch Prüfungen für persönliche Mitglieder ausgetragen, für B- und Es-Bläser in Solo-, Duo-, Trio- und Quartettformation. Die vorzutragenden Stücke können aus vorgegebenen Repertoirelisten oder Fanfarenheften selbst ausgewählt werden. Hier ist auch das Fürst-Pless-Horn vertreten.

Die Bundeswettbewerbe der Gilde

Bemerkenswert in der geschichtlichen Entwicklung der Gilde ist es, dass von den bisher ausgerichteten vierzehn Bundeswettbewerben bereits zwei Veranstaltungen vor der Gründung der Gilde stattgefunden haben, nämlich 1975 in Bad Wörishofen, Bayern, und 1976 auf Schloss Kranichstein bei Darmstadt, Hessen. Beide Wettbewerbe waren Wegbereiter zur Gründung der reiterlichen Jagdhornbläser-Gilde. Dass Fürst-

Pless-Hörner die herbstlichen Hubertusjagden musikalisch begleiteten, war Ende der sechziger Jahre in Mode gekommen. Die Jagdherren bedienten sich dabei der grünen Bläsergruppen, die in der Regel dem Deutschen Jagdschutz Verband angehörten – so auch in der Reit- und Fahrvereinigung Bad Wörishofen. Gab es Engpässe, wurde auf Musikkapellen zurückgegriffen mit Trompeten und Tenorhörnern. Sehr bald schon nahmen es die Reiter selbst in die Hand, kauften gebrauchte Fürst-Pless-Hörner und gründeten ein eigenes reiterliches Jagdhornbläsercorps innerhalb der Vereinigung. Geübt und vorgetragen wurden die grünen Jagdleit- und Totsignale. Wie so oft „kommt der Appetit beim Essen" und als die Teilnahme an den grünen Jagdhornbläser-Wettbewerben mangels Jagdschein nicht möglich war – Ausnahmen auch nicht gemacht wurden –, entstand der erste Wettbewerb reiterlicher Jagdhornbläser in Bad Wörishofen nach DJV-Muster. Dafür bezeichnend war die Vorgabe der vorzutragenden Stücke: Begrüßung, Hirsch tot, Wagenruf, Fuchs tot und ein Reiter-/Jägermarsch nach freier Wahl. Der 6. September 1975 wurde ein großer Erfolg mit der Teilnahme von 13 Bläsergruppen mit etwa 170 Jagdhornbläsern. Dieser Tag wird daher auch als ideelles Gründungsdatum der Jagdhornbläser-Gilde verstanden. Von hier aus nahm die Entwicklung sehr schnell ihren eigenen Verlauf.

Schon beim zweiten Wettbewerb am 22./23. Mai 1976 in Darmstadt wurde auf der Corpsleiterbesprechung erkannt, dass ein loser Zusammenschluss die Kontinuität der Wettbewerbe und des Begonnenen nicht sichert. Ludger Schröder und Hans Eschbach wurden beauftragt, den Kontakt unter den Gruppen aufrecht zu erhalten und die Gründung eines Dachverbands vorzubereiten, was dann auch geschah. Wie die Wettbewerbe gestaltet werden sollten, wurde Ende 1975 bei den interessierten Bläsergruppen abgefragt. Ludger Schröder suchte nach einem eigenen Austragungsmodus, der weg vom DJV-Muster den reiterlichen Jagdabläufen eher entsprach. U. a. wurde abgefragt, nach welchem Modus sich der Austragungsort des Wettbewerbs von Jahr zu Jahr ändernd und wechselnd in jeweils einer anderen Landesgruppe stattfinden sollte. Sollten nur DJV-Signale oder auch Märsche geblasen werden und in welchem Verhältnis sowie nach welcher Auswahl sollte dies geschehen? Sollten Abzeichen und Urkunden vergeben werden? Es wurde ferner um Zustimmung für eine Koordinierungsstelle bzw. Schreibstube – zunächst für ein Jahr in Bad Wörishofen – gebeten. Das Ergebnis der Fragebogenaktion war Ausgangspunkt für die Austragung des Wettbewerbs 1976 auf Schloss Kranichstein und mit den Erfahrungen der weiteren Wettbewerbe erste Grundlage einer Jagdhornbläser-Prüfungsordnung. Die weiteren Wettbewerbe waren:

   III. 1977 Schloss Surenburg, – Nordrhein-Westfalen

   IV. 1979 Schloss Lustheim, Odelshausen – Bayern

   V. 1980 Schloss Burg, Solingen – Nordrhein-Westfalen

VI. 1982 Schloss Bieberich, Wiesbaden – Hessen
VII. 1984 Hamburg-Norderstedt – Schleswig-Holstein
VIII. 1986 Reitanlage Tattersall, Nürnberg – Bayern
IX. 1988 Freilichtbühne Elspe, Olpe – Nordrhein-Westfalen
X. 1990 Schlosspark Bad Säckingen – Baden-Württemberg
XI. 1992 Schloss Moritzburg, Dresden – Sachsen
XII. 1994 Schloss Rotenburg a. d. Fulda – Hessen
XIII. 1996 Schloss Monrepos, Ludwigsburg – Baden-Württemberg
XIV. 1998 Schloss Hexenagger, Naturpark Altmühltal – Bayern

Die Wettbewerbe der Jahre 1977 und 1979 waren reine B-Prüfungen für Fürst-Pless-Hörner und B-Parforcehörner. In den Jahren 1980 und 1982 wurde im Register B unterschieden in Kategorie 1: „Jugendliche" und Kategorie 2: „Erwachsene". Ab 1986 gab es die Register B1 bis B3, eine Unterscheidung nach Fürst-Pless-Hörnern und Parforce-Hörnern sowie gemischt zusammen, die bis heute Bestand hat. Im Jahr 1979 fand das erste „wertungsfreie" Blasen für Gruppen der Stimmung Es statt. 1980 folgte dann das erste „gewertete" Blasen in den Stilrichtungen „konzertant" und „jagdlich". Der Bogen war hierbei gespannt von der klassischen (konzertanten) Jagdmusik über historische (französische) Fanfaren bis hin zum (jagdlichen) Volkslied. Ab 1984 ist das Register Es kontinuierlicher Bestandteil der Wettbewerbe.

Das weitere jagdhornbläserische Angebot

Neben den Wettbewerben werden von der Gilde insbesondere Seminare und Notenmaterial angeboten. Das erste Jagdhornbläser-Seminar fand im März 1978 in Augsburg unter Hermann Neuhaus statt. Es war ausgeschrieben für Fürst-Pless-Hörner-, B- und Es-Parforcehörner. Peter Kötz veranstaltete 1979 ein erstes Seminar für Gruppenleiter. Inhalt der Seminare bilden sowohl die praktische als auch die theoretische Fort- und Weiterbildung von Jagdhornbläsern. Sie haben sich seit den Anfängen enorm weiter entwickelt und standardisiert.

Weitere bedeutende B-Horn-Seminare fanden in Warendorf, Nordhorn, Allersberg, Reken und Stuttgart-Haiderloch statt. Die Gilde schult hierfür eine Gruppe von Übungsleitern, die in weitgehend einheitlicher Art und Weise diese Ausbildungstätigkeit übernimmt. Zu Standard-Einrichtungen sind die Seminare im Kloster Scheyern (Bayern), Dieburg (Hessen) und auf Jagdschloss Göhrde (Niedersachsen) geworden.

Das erste Notenheft der Gilde „DIE REITER KOMMEN" erschien im November 1978. Es enthielt Reitermärsche, Fanfaren und Jagdrufe für das Fürst-Pless-Horn und das Parforcehorn in B. Die Verfasser der verschiedenen Spielstücke und Reitermärsche waren Oskar Weber, Hans Korn, Rudolf Gäble, Otto Lachner, V. Barth, Ernst Springer und A.W. Lathmann. Der zweite Band: „DIE REITER KOMMEN" in B folgte im Februar 1986 mit neuen Märschen, Fanfaren und Spielstücken alter und neuer Komponisten wie Trudel Rollmann, W. M. Löw, Hans Eschbach, Herbert Flamm, Harald Kutzner, Richard Seidel, Heinrich Eichner, Wilhelm Bertling, J. F. Ebert, Eugen Uth, Gustav Meyer und Rüdiger Engel. 1989 erschien der erste Band bereits in der 4. Auflage. Weitere Notenhefte schlossen sich an, auch für Parforcehörner in Es. Das letzte Notenheft mit Jagdfanfaren für Es-Hörner ist im März 1992 erschienen.

Vom DIN-A5-Rundschreiben zur DIN-A4-Zeitschrift hat sich das offizielle Mitteilungsblatt der Gilde entwickelt, das alle Mitgliedsgruppen und persönlichen Mitglieder zweimal im Jahr unentgeltlich erhalten. Hierin ist von Vorstandsmitteilungen über Sach- und Erlebnisbeiträge der Mitglieder bis zu den Geschehnissen in den Landesgruppen enthalten, was aktuell berichtenswert erscheint.

Die Bedeutung des Fürst-Pless-Horns in der Gilde

Wie die zeitliche und musikalische Entwicklung der Jagdhornbläser-Gilde zeigt, hat das Fürst-Pless-Horn immer einen eigenständigen Platz unter den Instrumentalstimmungen bekommen und behalten. Dennoch ist es kein reiterliches Jagdhorn. Bei den Jägergruppen dagegen hat das Fürst-Pless-Horn eine ungebrochene Tradition. Die Kenntnis der Jagdleitsignale ist eine der Voraussetzungen für den Erhalt des Jagdscheines. Treibjagden ohne Fürst-Pless-Hörner sind auch heute noch undenkbar. Generell war das Blasen des Jagdhornes immer schon den Jägern vorbehalten. Früher ist es „Musikanten, Gauklern und Komödianten" sogar bei Strafe verboten gewesen, auf Jagdhörnern zu „trompeten".

Es wird häufig über Tradition und Brauchtum der Reiterei gestritten. Dabei ist aber zweifelsfrei, dass insbesondere das Jagd-Reiten auch militärische Wurzeln hat und in den Kavallerieregimentern besonders gepflegt worden ist. Sogar eigene Meuten wurden gehalten. Die Trompeter der Kavallerie waren bis in die ersten Jahre des Zweiten Weltkrieges ein wichtiges akustisches Führungsmittel. Sie pflegten neben der speziellen reiterlichen Musik aber auch das Brauchtum der Hubertusjagden, das Jagdreiten mit der dazugehörigen Musik. Alljährliche Jagden hinter der Meute waren in den Garnisonen ein gesellschaftliches Ereignis und nach alter Tradition ein „Stell dich ein" zwischen Militär und den führenden Schichten des öffentlichen und zivilen Lebens.

Der Aufschwung, den das Jagdhornblasen nach dem Zweiten Weltkrieg in Reiterkreisen nahm, ist vor allem durch die Verwendung des Fürst-Pless-Hornes und von hierzu passenden Parforcehörnern in der Stimmung B gekennzeichnet. Speziell für die Bedürfnisse der grünen Jagd, d. h. für den sich zu Fuß bewegenden Jäger, entwickelt, hat sich das Fürst-Pless-Horn nicht zuletzt seiner Führigkeit wegen auch bei Reitjagden durchaus bewährt und eine große Verbreitung gefunden.

Das Horn mit den Signalen und Spielstücken der grünen Jagd hatten die Reiter zunächst ohne große Veränderungen von den Jägern übernommen. Im praktischen Umgang mit Pferden und Hunden stand das kleine Horn jedoch bald neuen Ansprüchen gegenüber, die es nicht ohne weiteres erfüllen konnte.

Es war nicht für die Traditionsmusik hinter der Meute geschaffen, konnte die großen Fanfaren der reitenden Jagd nicht erklingen lassen, brauchte also eine eigene Signalmusik!

So riefen die neuen Situationen und Abläufe, unterschiedlich zu denen der Jägerei mit der Schusswaffe, Musiker aus den Reihen der alten jagdreiterlichen und Kavallerie-Tradition auf den Plan, um für Abhilfe zu sorgen.

Über die zunächst übernommenen, allgemein gebräuchlichen Jagdsignale hinaus sind in der Gilde neue reiterliche Signale und Fanfaren entstanden, wie z.B. „Curée – Unser Dank an die Hunde" von Walter Schetsche und zu den Brüchen von W. J. Onnen sowie eine Reihe von Meutefanfaren, Reiterrufe und jagdliche Spielstücke verschiedener Komponisten.

Aus dem militärischen Bereich stammt Friedrich Deisenroth, Gründer und ehemaliger Leiter des Stabsmusikcorps der Bundeswehr. Er hat nicht nur eine Musiklehre mit Bläserübungen verfasst (Schule für das kleine und große Jagdhorn mit allen Jagdsignalen und Spielstücken), sondern auch eine Reihe von anspruchsvollen Jagdstücken geschrieben („Heft 1: Jagdmusik zwei-, drei- und vierstimmige Spielstücke und Parforce-Jagdsignale" und „Heft 2: Marquis de Dampièrre"). Der Komponist Friedrich Deisenroth war neben seinem jagdlichen Engagement ein namhafter Bearbeiter von historischem und

Schleppjagdsignale

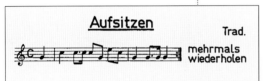

heraldischem Musikgut sowie Herausgeber der ergänzten und neu über-
arbeiteten Ausgabe „DEUTSCHE ARMEEMÄRSCHE".

Von gleichem Ursprung als Militärmusiker hatte Oskar Weber
wesentlichen Anteil an der Komposition neuer Märsche und Spielstücke
für die Gilde. Er begann sein Musikerstudium in Darmstadt, war beim
Militär Mitglied eines berittenen Bläsercorps und beendete sein Stu-
dium nach dem Kriege wiederum in Darmstadt. Er war erster Trompeter im Darmstädter Instrumentalverein und kam über den Jagdclub
Darmstadt mit der Jagdmusik in Verbindung. Eines seiner klangvollen
Werke ist der große Zapfenstreich, zuletzt aufgeführt auf dem Wettbewerb auf Schloss Moritzburg bei Dresden 1992. Von ihm stammen eine

Walter Schetsche,
Solotrompeter beim SWR, Radio
Sinfonie Orchester Stuttgart,
Mitglied der Cappenberger Meute und
Wertungsrichter bei der Gilde

Vielzahl von Reiterrufen, gewidmet einzelnen reiterlichen Bläsercorps,
z.B. Darmstädter, Wiesbadener oder Nordeneyer Reitruf, in der Idee ver-
gleichbar den Erkennungsrufen der Kavallerieregimenter. Auch seine
Märsche und Spielstücke erfreuen sich großer Beliebtheit (Thurn- und
Taxis-Marsch, Landgraf Georg-Marsch, Die Jagd geht auf, Hinter der
Meute u. a.)

Im reiterlich-jagdlichen Brauchtum hat das Parforcehorn in den
Stimmungen D, Es oder F die älteste Tradition; dabei kann es sich um
1-, $^1/_2$-, $2^1/_2$- oder $3^1/_2$fach gewundene Hörner handeln. Aus Gründen
sehr guter Führigkeit zu Pferde hat sich dort das $3^1/_2$fach gewundene
Horn durchgesetzt.

Das Mitführen eines Horns stellt besondere Anforderungen an den
Reiter, gerade auf den Galoppstrecken und über den Sprüngen. Zur siche-
ren Handhabung des Fürst-Pless-Horns auf dem Pferd bei Reitjagden hat
Walter Schetsche, Stuttgart, einen sogenannten Hornköcher für das Fürst-

Pless-Horn und das Taschenjagdhorn entwickelt. Dieser Hornköcher liegt flach vor dem Sattelblatt an der Schulter des Pferdes an. Oben wird der Sattelaufstiegsriemen einfach durch eine an dem Hornköcher befestigte Lederöse gezogen und unten mit einem kleinen Gummiexpander am Sattelgurt festgemacht. Dieses Gummiseil eignet sich übrigens auch zum Festmachen der Zügel bei Turnier- und Jagdpausen, wenn das Pferd geführt wird und den Kopf senkt zum Fressen. Der Zügel fällt nicht herunter. Die obere Öffnung des Hornköchers ist durch einen Klettverschluss schnell verschließbar, damit das Horn z. B. im Galopp durch die Bewegungseffekte nicht heraus gedrückt wird. Obwohl dies für die Handhabung des Fürst-Pless-Hornes eine bequeme, sichere und preisgünstige Lösung darstellt, hat sich der Hornköcher in der Jagdreiterei bisher nicht durchgesetzt.

Die Bedeutung des Fürst-Pless-Horns in der Gilde ist zurückgegangen. In den letzten 10 bis 12 Jahren verlagerten sich die Schwerpunkte der Bläser in der Gilde in zunehmenden Maße zum Es-Parforcehorn hin. Damit hat sich auch das äußere Erscheinungsbild vieler Gruppen geändert. An die Stelle von sportlich-praktischer Reitkleidung tritt immer mehr eine an historischen Vorbildern orientierte Ausstattung.

Die Präsentation der B-Hornbläser an Wettbewerben ist vergleichsweise gering, ebenso die Teilnahme an Seminaren. Auch das Blasen zu Pferde ist rückläufig, wobei sicherlich der bläserische Schwierigkeitsgrad und der hohe Aufwand eine besondere Rolle spielen.

Solange jedoch das B-Parforcehorn in der Gilde vertreten ist, wird auch das Fürst-Pless-Horn weiter Bestand haben.

RUDOLF SCHOENFELDT

Das Fürst-Pless-Horn im jagdlichen Brauchtum und Jagdrecht

Brauchtum beruht auf Fertigkeiten, die im Leben überall gelehrt und weitergegeben werden. Jeder Beruf ist davon betroffen. Besonders im Handwerk pflegte man seine Bräuche seit altersher. Angestrebt wird die kürzeste Lernform und -zeit, am deutlichsten erkennbar in Handlung und Sprache (Fachsprache). Im jagdlichen Umfeld sind es alle Handlungen, die wir verrichten, gleichgültig, ob wir uns *a. zur Jagd vorbereiten, b. jagen oder c. die Jagd beendet haben.*

Diese Handlungen – Gebräuche also – sollen sinnvoll, zweckmäßig und zeitgemäß sein.

Sinnvoll und zweckmäßig heißt, dass sie gekonnt sein müssen. Um sie zu können, muss man sie durch Übung erlernen. Jede Handlung zuviel ist nicht mehr sinnvoll und zweckmäßig.

Zeitliche Epochen hatten immer ihre eigenen Wertvorstellungen, wodurch sich Bräuche veränderten. Das Bewusstsein der Bräuche mit ethischen Aspekten sind Grundlage unseres heutigen jagdlichen Brauchtums.

Jagdhornbläser und jagdliches Brauchtum

In der „Vorschrift für das Jagdhornblasen" des Deutschen Jagdschutz-Verbands, zu finden im Notenheft „DIE JAGDSIGNALE" als „vollständige Sammlung aller offiziellen Jagdsignale", steht in der ab 1. September.1996 geltenden Fassung (S.9) unter A. Allgemeines im Absatz 2:

„Zu den Aufgaben einer Bläsergruppe gehören a. die Pflege und Förderung des jagdlichen Brauchtums, b. die Ausbildung im Jagdhornblasen, insbesondere des jägerischen Nachwuchses."

Hierdurch wird vorgegeben, dass jeder Jagdhornbläser die Grundkenntnisse des jagdlichen Brauchtums beherrschen soll. Der Jagdhornbläser muss brauchtumsgerecht auftreten und in Vorbildfunktion handeln können.

Das Fürst-Pless-Horn im Jagdbetrieb
Allgemeines

„Ohne Jagdhorn kein richtiger Jäger!"
Inzwischen haben wir Dank der Aktivitäten des Deutschen Jagdschutz-Verbandes seit etwa 1960 viele der nebenstehenden Forderungen erfüllt.

In den Kreisgruppen gibt es häufig schon mehrere Jagdhorn-Bläsergruppen. Sie sind die Übungs- und damit auch die Erfolgs-Zentren der Bläser. Hier wird der Einzelne, aber auch die ganze Gruppe, für ihren Einsatz im praktischen Jagdbetrieb vorbereitet.

JAGDSIGNALE

Die Hornfessel war Zeichen der alten gerechten Jägerei, der Federschütze durfte sie nicht tragen. Ohne Jagdhorn kein richtiger Jäger! Auch heute sollte dieser Satz noch gelten. Aus fünf ganzen Tönen bestehen die Jagdsignale, und es gehört weder große Kunst noch hohe Musikalität dazu, um das Blasen des Jagdhornes zu erlernen, nur etwas Energie und Ausdauer, die sind allerdings erforderlich – aber dafür wird man tausendfach belohnt, wenn man blasen kann. Was gibt es Schöneres, als wenn das Jagdhorn das „Hirschtot" gegen die herbstlich bunten Hänge jubelt, was gibt es Stimmungsvolleres, als wenn die Strecke des Tages nach froher Jagd feierlich im Abenddämmern verblasen wird und das „Jagd vorbei" und „Halali" langgezogen durch den winterlichen Wald tönt! Eine Treibjagd, die richtig an- und abgeblasen wird, mitzumachen, wird immer ein Genuß sein, gleichgültig, was geschossen wird! Wenn aber mit Rangierhörnern oder Trillerpfeifen die Harmonie des Waldes gestört wird, dann wendet sich der Gast mit Grausen. Hundelaut und Hörnerschall sind untrennbar mit der Jagd verbunden. Die ganze Poesie der Jagd wird in schönen Signalen lebendig. Die Forstverwaltungen der Länder und einige wenige Jagdherren haben die Sitte des Jagdhornblasens hochgehalten und in unsere Zeit herüber gerettet. Allenthalben regt es sich heute in dieser Beziehung. In der Jagdpresse wird erfreulicherweise viel Propaganda für das Jagdhornblasen gemacht. Maßgebend dafür, ob und wie auf einer Jagd geblasen wird, ist stets der Jagdherr. Es gibt für ihn tausend Wege, das Jagdhornblasen zu fördern. Man lade junge Jäger nur ein, wenn sie ein Horn mitbringen und blasen können, man bemühe sich selbst, sofern man nicht blasen kann, es noch zu lernen. Man stelle grundsätzlich nur Berufsjäger ein, die gute Bläser sind. Die höheren Forstbeamten müssen verlangen, daß auf den Staatsjagden ordnungsgemäß geblasen wird, bei jedem Jägertreffen müssen die Signale vorgeblasen werden, in jedem Hegering müssen Kurse für Jagdhornblasen abgehalten werden – und es müßte doch mit dem Teufel zugehen, wenn nicht in kurzer Zeit die Autohupen, Rangierhörner und Trillerpfeifen von der Jagd verschwinden sollten!

W. Frevert, „Das jagdliche Brauchtum", 9. Auflage, S. 71, 1961

Zur Trageweise des Fürst-Pless-Horns

Das Horn hängt an der „Hornfessel", so nennt man den Tragriemen, mit dem Mundrohr nach vorn, Schall nach hinten, an der rechten Seite des Bläsers.

Erfahrungen hierzu: Eine Trageweise links ist ungünstig, wenn ein Hund mitgeführt wird. Horn und Umhängeleine stören durch Aneinanderschlagen der Metallteile von Leine und Horn: klappernde Geräusche.

Außerdem ist das Greifen mit der Hand von rechts nach links „etwas schwierig".

Trägt man das Horn rechts – aber mit dem Schall nach vorn – so kollidiert der relativ große Schallbecher mit dem schussbereiten Gewehr, vor allem beim schnellen Anschlagen der Waffe.

Zur Hornfessel

Im Handel erhält man die hier abgebildete Hornfessel. Sie hat im Jagdbetrieb leider Nachteile, weil sie für die Jagdpraxis im Riemen zu kurz ist. Im Gebrauch des Horns lässt es sich schwer an die Lippen bringen. Ganz besonders erschwert wird es, wenn außer dem Hornriemen noch Rucksack und Umhängeleine am Körper hängen, vom umgeschnallten Patronengurt ganz abgesehen.

Durch den langjährigen bayerischen Landesobmann für Jagdhornblasen und jagdliches Brauchtum, Hildebrand Walther, wurde in den sechziger Jahren eine Praxisverbessernde Hornfessel entwickelt, die nachfolgend abgebildet und beschrieben ist.

Die Hornfessel
nach Hildebrand Walther

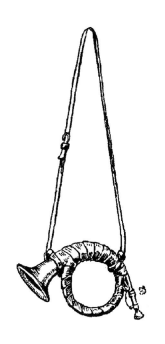

„War die Hornfessel in alten Zeiten noch das Zeichen des freien herrschaftlichen Jägers – ein Geringer durfte sie nicht einmal berühren – so verkam sie in unseren Tagen zu einem unpraktischen Tragriemchen.
Um das Horn über die Schulter gehängt blasen zu können, ist es viel zu kurz. Man muss das Horn bei jedem Signal abnehmen, was bei winterlicher Kleidung recht umständlich ist. Außerdem verrutscht das Horn ständig und ist deshalb beim Schießen hinderlich.
Was lag näher, als sich kundig zu machen, wie die Hornfesseln in früheren Zeiten gearbeitet waren.
Die Gelegenheit ergab sich bei einem Bundeswettbewerb im Jagdhornblasen auf Jagdschloss Kranichstein.
In den Sammlungen des Schlosses bot sich als Vorbild ein Horn aus dem 17. Jahrhundert mit einer Hornfessel, die in der Länge weit verstellbar ist, also umgehängt das Blasen erlaubt.
Das Besondere an dieser Hornfessel ist, dass sich oberhalb der Befestigung an das Horn ein Kreuzgestell aus Lederriemen befindet, welches das Verrutschen des Horns von der Hüfte verhindert und beim Schießen nicht so sehr stört.

aus:
W. Frevert, „Das jagdliche Brauchtum", 9. Auflage, S. 74 u. 72, 1961

Hornfessel nach historischem Vorbild aus dem 17. Jahrhundert.
Foto: R. Schoenfeldt

Halten des Jagdhorns beim Verblasen.
W. Frevert, „Das jagdliche Brauch-
tum", 9. Auflage, S. 73, 1961

Nach diesem Vorbild ist in Bayern die hier abgebildete Fesselform für das Fürst-Pless-Horn entstanden."

Die Hornhaltung beim Blasen

Die DJV-Vorschrift für das Jagdhornblasen legt in den „Richtlinien für die Durchführung von Wettbewerben" die Hornhaltung fest. Es heißt dort unter 4b., S. 8:

„Der Vortrag erfolgt in gegrätschter Beinstellung, linke Hand in der Hüfte, Finger geschlossen".

Hierzu gibt Frevert in „DAS JAGDLICHE BRAUCHTUM", S. 73, die hier wiedergegebenen Beispiele von Berufsjägern und Forstbeamten an.

Interessant ist zu sehen, warum wir die linke Hand bei öffentlichen

Auftritten mit dem Jagdhorn in die Hüfte stützen: Anfassen des Hirsch-fängers!

Das angesetzte und zum Blasen nach rechts gedrehte Horn soll einen Winkel von ca. 45 Grad ergeben. Der Bläser kann dadurch mit beiden Augen frei am Horn vorbeisehen. Neben freier Sicht ergibt sich daraus auch eine gelöste Hornhaltung.

Das Horn im Revier

Frevert sagt im „Brauchtum", Seiten 71/72:

„Von aller Poesie und Schönheit abgesehen – das Jagdhorn ist ein unentbehrliches Hilfsmittel bei der Jagd. Der Schweißhundführer z. B. ist ohne Horn nicht denkbar. Wie oft kommt er bei der Nachsuche von den ihn begleitenden ortskundigen Jägern ab und weiß schließlich, wenn er der Hetze gefolgt ist, im fremden Revier überhaupt nicht

mehr, wo er sich befindet. Nur das Jagdhorn kann die anderen wieder herbeirufen. Oder wenn er mitten in einer Riesendickung das Stück verendet gefunden hat – nur das Signal „Hirsch tot" vermag die bangen Zweifel des draußen wartenden Schützen zu beseitigen. Eine Treibjagd ohne Jagdhorn leiten zu wollen, ist Unfug. Einen Kessel ohne Hornsignale durchzuführen, kann für die Teilnehmer lebensgefährlich werden! Ein Jäger ohne Horn ist fast so, als ob er keine Büchse hat. Die Alten wussten das auch, und sowohl der Jagdherr als auch der letzte Besuchsknecht waren ohne Horn nicht denkbar."

Es gibt viele Möglichkeiten, auf der Jagd brauchtumsgerecht zu blasen. Zur Einzeljagd wird „Aufbruch zur Jagd" geblasen, und das Tot-Signal für das gestreckte Wild sollte jedem Jäger eine Pflicht sein. Am Ende des Jagdgeschehens gilt „Jagd vorbei und Halali" (und wenns mal sein muss auch der Notruf).

Für Gesellschaftsjagden werden notwendig: „Begrüßung", „Jagd vorbei" und „Halali" und „Zum Essen".

Der direkte Jagdbetrieb im Revier fordert dann „Sammeln der Jäger", „Aufbruch zur Jagd", „Anblasen des Treibens", „Treiber in den Kessel" und „Aufhören zu schiessen".

Totsignale werden benötigt für die in den jeweiligen Revieren vorkommenden Wildarten. Bläser, die in waldreichen Revieren aktiv sind, sollten auf Signal-Anforderungen vorbereitet sein, die Waldjagden, z. B. Drückjagden an sie stellen. Die Signale sind in jedem Falle vorher mit dem Jagdherrn abzusprechen.

Jagdsignale und Jagdrecht

Das Fürst-Pless-Horn hat seine große Bedeutung bei der Leitung von Gesellschaftsjagden. So entscheiden sich immer mehr Jagdherren, bei ihren Jagden Jagdhornbläser einzusetzen. Das ist möglich geworden durch die Breitenförderung des Jagdhornblasens über den Deutschen Jagdschutz-Verband. Den Revierinhabern stehen immer mehr gut ausgebildete Bläser zur Verfügung. Ihr Können haben sie durch Wettbewerbe auf Kreis-, Landes- und Bundesebene bewiesen.

Überall, wo bei Jagden auch Schusswaffen eingesetzt werden, steht die Sicherheit im Vordergrund.

Überlegungen zu noch größerer Sicherheit im Jagdbetrieb bildeten bei den Jagdverbänden und deren Kreisgruppen die Voraussetzung zur Vorstellung der sicherheitsrelevanten Jagdleitsignale – schon in den Kursen zur Erlangung des ersten Jagdscheins. Jeder Jäger muss wissen, wann er im Jagdbetrieb seine Waffe laden und damit schießen darf und wann er sie zu entladen hat.

Werden Gesellschaftsjagden mit Hilfe von Jagdhorn-Signalen geführt, so muss jeder Teilnehmer drei sicherheitsrelevante Leitsignale erkennen und auch von anderen Signalen unterscheiden können:

Anblasen des Treibens ("Langsam treiben!")

♩ = 84

Trei-ber geht lang-sam vor-an! Trei-ber geht lang-sam vor-an!

Trei-ber geht lang-sam vor-an! Trei-ber fangt an!

Treiber in den Kessel! ("Treiber rein!")

♩ = 132

Trei-ber rein, Trei-ber rein! Al-le Schüt-zen halt!

Aufhören zu schießen ("Abblasen des Treibens")

♩. = 56

Hahn in Ruh, Hahn in Ruh!

aus „Niedersächsischer Jäger"
7/97, S.25

1. „Anblasen des Treibens"
2. „Treiber in den Kessel"
3. „Aufhören zu schießen"

Die Forderung nach „Kenntnis der Signale" – wie sie in manchen Jägerprüfungs-Ordnungen vorgeschrieben sind – nützen in der Praxis des Jagdbetriebs gar nichts, wenn die Jäger sie nicht voneinander unterscheiden oder überhaupt nicht erkennen können:

Da wurde in einer fingierten Jagd anstelle des Signals „Anblasen des Treibens" – „Sau tot" geblasen, und die Schützen begannen zu schießen. Das ist nicht nur bedenklich, sondern war auch nicht mehr zu verantworten (nach Wildmeister E. Brütt, Hannover).

Niedersachsen hat nun als erstes Land der Bundesrepublik Deutschland der Forderung nach sicherheitsrelevanter Kenntnis dieser drei Jagdleitsignale durch Verordnung Rechtskraft verliehen.

In seiner „Verordnung über die Jäger- und Falknerprüfung" vom 24. Juni 1994, § 8 Abs.(1) fordert es: ..., dass ein Prüfling diese Signale in der Prüfung erkennen muss ... wer eines der drei Leitsignale nicht erkennt hat die Jägerprüfung nicht bestanden.

Durch die Überlegungen nach noch größerer Sicherheit im Jagdbetrieb und die dadurch bedingte Einbringung der drei sicherheitsrelevanten Jagdleitsignale in die Prüfungsordnung muss die Frage aufgeworfen werden: Wird die Signalgebung dadurch zum juristischen Faktum? Die Antwort ist: Ja!

Denn es wird jetzt vorausgesetzt, dass jeder Jagdausübende die Bedeutung dieser Signale kennt:

1. „Anblasen des Treibens": Erst jetzt darf die Schusswaffe geladen und folglich geschossen werden.
2. „Treiber in den Kessel": Kein Jagdschütze darf mehr in den Kessel schießen. Auch darf er nicht bei anwechselndem Wild „durch die Schützenlinie ziehen". Wild ist nur außerhalb des Kessels zu beschießen!
3. „Aufhören zu schießen": Die Schusswaffe ist sofort zu entladen.

Damit gilt im Jagdbetrieb folgendes:
Werden Jagden mit Horn-Signalen geleitet, so unterscheiden sich – juristisch gesehen – „Informations-Signale" von den „unbedingten Warnsignalen". Die drei sicherheitsrelevanten Signale gehören zu den letzteren. Bei einem Jagdunfall mit Schusswaffeneinwirkung gilt zwar immer noch die Regel: „Jeder ist für seinen Schuss verantwortlich!", aber: Die geprüften Kenntnisse, vor allem die Unterscheidung der Signale voneinander, soll ausschalten, dass Unfälle mit der Schusswaffe passieren.

Kommt es dennoch zum Unfall, so wird in fast allen Fällen zu prüfen sein, ob eine Missachtung mindestens eines der sicherheitsrelevanten Jagdleitsignale vorliegt. Die missachtende Handlung ist demnach entweder mit „Leichtsinn" oder mit „Vorsatz" zu erklären.

Folglich: Wer sich leichtsinnig oder vorsätzlich über Gefährdungs-Richtlinien hinwegsetzt, macht sich grober oder gröbster Fahrlässigkeit schuldig. Die Regel, dass jeder Schütze für seinen Schuss verantwortlich ist, erfährt hierdurch eine erweiterte Bedeutung.

Warum haben erst in heutiger Zeit diese sicherheitsbedingten Signale eine solche Bedeutung erlangt, dass man sie auch prüft? Es werden Jagden mit Signalen schon seit langer Zeit geleitet. Erwägungen nach „noch größerer Sicherheit im Jagdbetrieb" wurden wohl nicht differenziert gesehen. Die „Kenntnisse der Grundsätze des Jagdbetriebs" reichte vermutlich für die Jagdpraxis aus. Erst immer genauere juristische Untersuchungen von Unfallgeschehen im Sinne persönlicher wie versicherungstechnischer Fragen sind Grund genug gewesen, die Prüfungsordnungen der Länder zu verändern.

Vier Länder fordern inzwischen in ihren Ausbildungsvorschriften die Kenntnis der Jagdsignale. Nur Niedersachsen und Hamburg [1]) verlangen dabei unabdingbar auch die Unterscheidung (wenigstens der drei Jagdleitsignale, die erhöhte Sicherheit bedingen).

Hessen ist zu nennen, weil es in seinem „Ausbildungsrahmenplan" im Sachgebiet 2 – Jagdbetrieb – in 1.3.4. fordert: „Jagdhornblasen, Jagdleitsignale und Totsignale". Leider bleibt offen, wie und in welchem Umfang der Prüfling eine praktische Umsetzung des Jagdhornblasens und damit der sicherheitsrelevanten Signale nachweisen soll.

Thüringen fordert in seiner „Ausbildungsvorschrift" für die Jägerschaften des Landes zur Vorbereitung auf die Jägerprüfung im Sachgebiet 2 (Jagdbetrieb) die „Sicherheitsbestimmungen (Signale)" und im „Jagdhornblasen" die verschiedenen Signale und ihre Bedeutung. Leider sind auch hier als Prüfungsanforderungen nur der „Jagdbetrieb" genannt (wie in Hessen).

Es wäre zu wünschen, dass zukünftig alle Bundesländer in ihren Jägerprüfungsordnungen eine genauere Kenntnis der drei sicherheitsrelevanten Jagdleitsignale fordern würden, schon im Sinne der Bundeseinheitlichkeit. Dabei ist uninteressant, ob in bestimmten Ländern noch Treibjagden auf Wild abgehalten werden – oder aus Gründen z. B. zu geringer Wilddichte – davon Abstand genommen wird.

*D*as Plesshorn steht „in B", das heißt, dass sein Grundton ein B ist, auf dem sich die Naturtonreihe aufbaut. Sie wird in C-dur notiert und mit Plesshorn „in B" bezeichnet, was bedeutet, dass sie einen Ganzton tiefer klingt als sie notiert ist.

Michael Höltzel

Musizieren mit dem Fürst-Pless-Horn

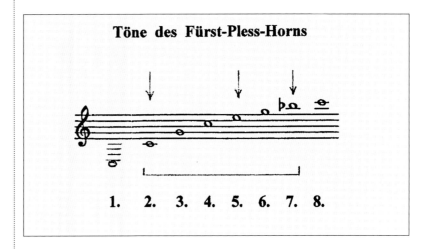

Töne des Fürst-Pless-Horns

1.   2.   3.   4.   5.   6.   7.   8.

Die Naturtonreihe ist nicht ganz sauber intoniert. Der 2. und 5. Naturton ist jeweils etwas zu tief, und der 7. ist sogar so sehr zu tief, dass er in dem Signal „Das hohe Wecken" mit dem notierten „a" als Nebenton verwendet werden kann.

Diese physikalisch unumstößliche Gesetzmäßigkeit der gut und weniger gut stimmenden Naturtöne macht es denn auch unmöglich, ein absolut sauber stimmendes Plesshorn zu bauen.

Bei guten Instrumenten (und dazu passenden Mundstücken) kann jedoch eine so hohe Tonreinheit erreicht werden, dass der Bläser nur wenig korrigieren muss. Viele Plesshörner sind jedoch von so schlechtem Material und unter ihrer Umwicklung so primitiv zusammengesteckt, dass die abenteuerlichsten Abweichungen von der oben beschriebenen Gesetzmäßigkeit vorkommen können.

Deshalb an dieser Stelle nochmals die Empfehlung: Billigware, die beim anonymen Hersteller nicht reklamiert werden kann, sollte man niemals kaufen. Nur Instrumente, mit den sich die Hersteller namentlich identifizieren, geben Gewähr für gute Qualität.

Das Mundstück

Auf den erwähnten Billig-Hörnern stecken in aller Regel auch billige, plärrende Mundstücke, die es bei ihrer Bauweise gar nicht ermöglichen, einen schönen Ton zu erzeugen: Der Kessel ist meist zu flach und die Bohrung zu eng. Da das Fürst-Pless-Horn, wie an anderer Stelle nachgewiesen, in seiner Mensur ungefähr einem Flügelhorn entspricht und nichts mit einer eng mensurierten Trompete oder gar Fanfare zu tun hat, gehört zu ihm auch ein Flügelhornmundstück. Dieses hat nicht den flachen Kessel des Trompetenmundstücks, sondern einen Trichter, der den Klang voller und runder macht.

Ein so erzeugter Ton ist wegen seines Obertonreichtums sehr tragfähig und wird im Wald auf weiteste Distanz gehört. Richtige Mundstücke mit individueller Auswahlmöglichkeit gibt es nur in Musikgeschäften, die auf Blechblasinstrumente spezialisiert sind, oder direkt bei Mundstückbauern.

Voraussetzungen zum Pless-Horn-Blasen

Obwohl es „nur" ein Signalhorn ist, verlangt die Beherrschung seiner wenigen Töne vom Bläser:

1. ein gutes Gehör
2. eine gute Atmung
3. einen korrekten Ansatz

Das Gehör

Ein annehmbares bis gutes musikalisches Gehör zeigt sich daran, dass ein Lied sauber gesungen wird und vorgesungene – oder gespielte – Töne und einfache Tonfolgen nachgesungen, – gesummt oder wenigstens nachgebrummt werden können. Sollte all dies nicht, auch nicht ansatzweise möglich sein, wird sich die Freude am Jagdhornblasen nur schwer einstellen.

Die Atmung

Über diese scheinbar natürlichste Angelegenheit der Welt existieren so abweichende Vorstellungen vom „richtigen Atmen" gerade beim Blasen, dass es darüber oft erbitterte und meist sinnlose Diskussionen unter Bläsern gibt.

Die Atmung, d. h. das Einatmen beim Hornblasen muss so entspannt und natürlich sein, als ob es sich um eine Unterhaltung an der Theke handeln würde. Selbst wenn's da ein bisschen lauter wird, kommt kaum einer auf die Idee, die Luft in die Brust zu pressen und dabei die Schultern hochzuziehen. (Diese Körpersprache brächte nur Nachteile mit sich, weil diese Atmung Unsicherheit signalisiert und außerdem die Stimme an Substanz und dadurch an Überzeugungskraft verliert.)

Genau dieser Atmung bedienen sich aber sehr viele Jagdhornbläser, weil sie's bei ihren Vorbildern im Bläsercorps oder gar bei ihren Ausbildern – so sie welche haben – sehen. Mit diesem „Brust raus, Bauch rein und Schultern hoch!" begeht der Bläser einen sehr elementaren Fehler und entzieht sich damit jeglicher Grundlage des natürlichen Ausatmens = Blasens!

Und wie geht's richtig? – Im Schlaf. Ja, im Schlaf!

Sobald wir uns nämlich hinlegen, setzt bei uns allen, – und zwar ausnahmslos bei uns allen! – die entspannte Bauchatmung ein: Der Bauch geht beim Einatmen heraus (wie wir es auch bei unseren Hunden sehen) und beim Ausatmen wieder hinein. Dies ist die einzig richtige Atmung, die je nach Anforderung intensiver wird aber immer nach dem gleichen Prinzip funktioniert, (oder glaubt jemand im Ernst, Hunde würden plötzlich zwischen den Vorderläufen atmen, wenn sie lauthals bellen?)

Wir, die wir denken, manchmal leider denken können, machen uns mit unserer gekünstelten Atmerei das Leben und besonders das Hornblasen unnötig schwer. (In dieser Beziehung sollten wir manchmal wirklich wieder „auf den Hund kommen …“)

Und wie geht's nun wirklich?

Wir stellen uns leicht gegrätscht hin, lassen die Schultern locker hängen, sind eher ganz leicht nach vorn als nach hinten geneigt, denn die Neigung nach hinten verursacht Muskelanspannung in der Bauchgegend, und diese Muskeln brauchen wir beim Blasen.

Nun konzentrieren wir uns darauf, dass wir nur den Körper machen lassen, was er will. Das ist gar nicht einfach, denn das bewusste Entspannt-sein fällt schwer, sogar sehr schwer. Wenn es nicht klappen möchte – und oft möchte es nicht klappen! –, gibt es einen ganz probaten Trick: Wir legen uns mit dem Rücken auf eine am Boden befindliche weiche Unterlage und fassen uns mit beiden Händen auf den Bauch. Im entspannten Zustand bewegt dieser sich beim Atmen auf und ab, während der Brustkorb völlig ruhig bleibt. Das wäre die richtige Atmung beim Sprechen wie beim Hornblasen. Es ist nur nicht leicht, dies vom Liegen und Entspannt-sein aufs Stehen und Aktiv-sein zu übertragen. Wir können aber aus der flach liegenden Position, über ein geneigtes Liegen in einem Sessel, einem allmählichen Aufsitzen im Stuhl, bis zum Stehen, mit dem Rücken an die Wand gelehnt, diese Bauchatmung in die Position, in welcher wir blasen, hinüberschmuggeln. (Eine gegenseitige Kontrolle kann sehr hilfreich sein und diesen Lernprozess zum Spaß werden lassen.)

Gehen wir nun davon aus, dass wir stehen und die Bauchatmung in erkennbaren Ansätzen zu funktionieren beginnt. Wir nehmen nun das Mundstück in eine Hand, umschließen es mit den Lippen, legen die andere Hand auf den Bauch und hauchen beim Ausatmen durchs Mundstück.

Wenn dieser erste Schritt funktionierte, als nächstes das Mundstück auf die Lippen setzen und weiter hauchen. (Stets mit einer Hand den Bauch kontrollieren). Nun versuchen wir, auf dem Mundstück einen Ton zu produzieren, was bereits ein Anspannen der Bauchmuskulatur (= Stützen) erfordert.

Dies ist der entscheidende Schritt zur aktiven Bauchatmung. Diese Übung so lange machen, bis sie wenigstens ansatzweise funktioniert! Jetzt können wir auf dem Plesshorn den tiefen Ton blasen, wobei bei diesem ersten Versuch meist alles soeben Erlernte wie durch Geisterhand verschwunden zu sein scheint. – Nicht aufgeben! Dieser Schritt aus der Entspannung in die Anspannung ist sehr schwer und dauert einige Zeit. Wenn auch viele Jagdhornbläser die Bauchatmung nicht perfekt erlernen werden, so kann diese eben beschriebene Technik zumindest jedem klarmachen, wo das Problem liegt, wenn das Hornblasen durch die „Bauch rein – Brust raus – Pressatmung" so anstrengend ist und der Ton so „herausgestemmt" klingt.

Der Ansatz

Der korrekte Ansatz ist eng mit der Atmung verbunden, denn zu seinem Funktionieren gehört der Luftstrom, und wenn wir an der Stelle des Körpers – in diesem Falle im Brust-Schulterbereich – überspannt sind, können wir nicht erwarten, dass der Ansatz davon unberührt bleibt.

Wir erzeugen die richtige Lippenspannung, wenn wir ohne Mundstück beim Blasen ein summendes Geräusch hervorbringen, als wollten wir ein Härchen oder Krümelchen wegblasen, das zwischen den Lippen sitzt.

Diese Übung wiederholen wir und setzen auf die summenden Lippen das Mundstück, so dass der Ton sich fortsetzt. In einem Spiegel können wir beobachten, dass dieser Ansatz ganz anders aussieht als der bisherige: durch das Anspannen sämtlicher Muskeln im Mundbereich verschwinden aufgeblasene Backen und Lufttaschen ganz von alleine.

Wird die Spannung beibehalten, wenn auch noch das Horn hinzukommt, ist der richtige Ansatz schon in greifbare Nähe gerückt.

Diese Darstellung kann nur den Weg beschreiben, der gegangen werden muss, um einen guten Ansatz zu erreichen. Die Anleitung durch einen auf diesem Gebiet erfahrenen Lehrer lässt sich durch kein gedrucktes Wort ersetzen.

Schließlich sind wir bei der eigentlichen Tonerzeugung angekommen. Ansatz und Luftstrom machen den Ton. Je natürlicher beide harmonieren, desto leichter spricht der Ton an und desto schöner klingt er

auch. Die Luft versetzt die gespannten Lippen im Mundstück in Schwingung, und je voller sie strömt, desto natürlicher werden diese Schwingungen und desto schöner und runder klingt der Ton. Besonders die beiden hohen Töne e und g sprechen mit vollem Luftstrom besser an und können ohne schnelle Ermüdung geblasen werden.

Der Anstoß trägt eine irreführende Bezeichnung, denn er müsste eher „Rückzieher" heißen. Wir legen nämlich schon vor dem Beginn eines Tones die Zunge hinter die obere Zahnreihe und ziehen sie als Anstoß ruckartig zurück. Je bewusster das geschieht und je mehr Luft gleichzeitig durchs Mundstück ins Horn strömt, desto klarer wird der Anstoss. Bei gepresstem, zurückgehaltenem Luftstrom wird der Stoß beziehungslos hart, ja sogar „knallig".

Bindungen – z. B. beim Halali am Ende der Totsignale – brauchen viel Luft und eine gute Atemstütze, sonst brechen sie ab, oder die Zunge kommt unterstützend dazwischen, und dann sind es schon keine Bindungen mehr. Je natürlicher und leichter der Ansatz in Verbindung mit dem Luftstrom funktioniert, desto besser sprechen die Bindungen an. Sie müssen aber in jedem Fall geübt und gepflegt werden, denn ohne sie lässt sich nicht musikalisch gestalten.

Signalhörner – Musikinstrumente?

Jagdhörner sind in ihrer ursprünglichen Bedeutung Signalinstrumente und in dieser Funktion durch die moderne Elektronik eigentlich längst „passee". Was wäre aber eine Jagd ohne den Klang der Hörner! Unsere vielbeschworene deutsche Jagdkultur wäre ohne die Fürst-Pless-Hörner stumm und schwer zu vermitteln. Die Jagdmusik belebt aber diese traditionsreiche Kultur aufs Schönste und zeigt ohne große Worte, dass die Jagd einen hohen ethischen Wert haben kann. Wettbewerbe, Vergleichsblasen oder auch Schaublasen wollen diese Jagdkultur vertiefen und weitergeben. Dabei geht es aber sehr oft nur noch um Präzision, um lupenreines technisches Blasen der Signale, und zu wenig um die Inhalte von Musik.

Die Pless'schen Jagdsignale sind aber so ideenreich und von so eigenem Charakter, dass sie es verdienen, auch individuell gestaltet zu werden. Wie rund, romantisch und wohlklingend präsentiert sich das Signal „Hirsch tot", wie schroff und aggressiv klingt im Gegensatz dazu das Signal „Sau tot". Beschwingt und als Mutmacher „par exellence" bietet sich „Das Hohe Wecken" an, majestätisch-anspruchsvoll „Die Begrüßung", und stimmungsvoll „Jagd vorbei" und „Das kleine Halali".

In die Berge versetzt fühlt man sich bei „Gams tot", und bei „Wisent tot" wird Vergangenes wieder lebendig. Jedes weitere Signal ließe sich ähnlich beschreiben, – aber die Signale wollen so geblasen werden, dass ihr jeweiliger Charakter zum Erklingen kommt.

Wir Jagdhornbläser sind mit diesen wunderschönen Signalen aufgerufen, die Fürst-Pless-Hörner zwar als Signalinstrumente zu führen, darüber hinaus aber zum Musik machen zu benützen!

167

KUNIBERT ZIRKEL

Aktuelle Wege bei der Ausbildung im Jagdhorn blasen

Zum Projekt: Zusammen-
arbeit „Landesjägerschaft
Niedersachsen, LJN" und
„Niedersächsischer Volks-
musikerverband, NVV"

twa 300 Jagdhornbläsergruppen sind allein im Bundesland Niedersachsen überwiegend mit dem Fürst-Pless-Horn aktiv. Diese Zahl belegt den hohen Stellenwert des Umgangs mit dem Horn innerhalb der Jägerschaften.

Viele Laienbläser hatten bisher kaum die Möglichkeit, ein Ausbildungsangebot zu finden, das die Belange des jagdlichen Blasens zusammen mit einer fundierten, Grundausbildung im Blechblasen verbindet. Ansätze zu einer neuen Strukturierung in diesem Bereich gibt es nun, und zwei Modelle, die in jüngerer Vergangenheit in Niedersachsen entstanden sind, werden hier vorgestellt.

Regionale Perspektiven am Beispiel der Jägerschaft Grafschaft Bentheim

Im Jahr 1990 wurde in der Grafschaft Bentheim die Kontaktstelle Musik ins Leben gerufen. Es handelt sich dabei um eine Einrichtung, die von den drei Musikschulen des Landkreises in Verbindung mit dem Kulturamt initiiert wurde. Die Kontaktstelle hat das Ziel, im Bereich der musisch-kulturellen Bildung im Laienmusikwesen Angebote für die musikalische Weiterbildung zu schaffen. Die Angebotspalette reicht inzwischen von der Chorarbeit über Arbeitsphasen für Blasorchester und Spielmannszüge bis hin zu Maßnahmen für die Jagdmusik.

Jagdhornbläsergruppen betreiben heute verstärkt Öffentlichkeitsarbeit in Form von Auftritten auch außerhalb des direkten jagdlichen Geschehens. Dass dabei kaum Jagdleit- und Totsignale geblasen werden, scheint verständlich; allerdings bereitet das Einüben jagdmusikalischer Spielstücke mancherorts den Leitern von Bläsergruppen Kopfzerbrechen, wenn es gilt, mit Bläsern, die keine Notenkenntnisse haben, ein neues Stück zu lernen. Hier steht oft der Zeitaufwand, der zum Erarbeiten eingeplant werden muss, letztlich in keinem Verhältnis mehr zu dem dann Erreichten.

Diese Ausgangssituation bewog die Kontaktstelle Musik des Landkreises Grafschaft Bentheim zusammen mit der Jägerschaft, im Frühjahr 1991 für das Jagdhornblasen eine Fortbildungsmaßnahme anzubieten. Der erste Kurs richtete sich als Zielgruppe an Bläser/innen, die noch über keine Notenkenntnisse verfügten. Die Ausschreibung beschrieb die Inhalte der Fortbildung folgendermaßen:

- Erlernen der traditionellen Notation: Notenlinien, Tonbezeichnungen für den Tonraum des Fürst-Pless-Hornes, Notenwerte
  und die entsprechenden Pausenzeichen, Taktarten und Taktbezeichnungen.
- Kennenlernen spezieller Zeichen: Wiederholungszeichen,
  Fermate, dynamische Zeichen, Tempobezeichnungen und
  Artikulationszeichen.

Abstraktes Lernen dieser Arbeitsinhalte war nicht gefragt, sondern die Verbindung praktischen Tuns mit dem Instrument führte in erster Linie zum Bewusstmachen der musikalischen Inhalte. 35 Interessierte aus den Hegeringen bekundeten damals ihr Interesse an der Ausschreibung mit einer Anmeldung, um dann an drei Abenden und zwei Vormittagen in den Räumlichkeiten einer Musikschule das „kleine ABC" der Musiklehre für den praktischen Gebrauch als Jagdhornbläser/in kennenzulernen.

Wenn du das Jagdhorn blasen lernst,
Blas' richtig, nimm die Sache ernst!

Insgesamt 10 Kurse mit mehr als 200 Teilnehmern wurden bis 1998 durchgeführt, wobei sich die inhaltlichen Schwerpunkte u. a. auf die Vorbereitung zur Teilnahme an Landeswettbewerben im Jagdhornblasen oder der Erarbeitung neuer Vortragsstücke für Jagdhörner konzentrierten.

Die Inanspruchnahme der Fortbildungsangebote des Landkreises Grafschaft Bentheim zeigt deutlich den Wunsch von Jagdhornbläsern, musikalisch weiterzukommen und könnte nach den bisherigen positiven Erfahrungen sicher in anderen Jägerschaften modifiziert Nachahmung finden.

Kooperation Landesjägerschaft Niedersachsen (LJN) und Niedersächsischer Musikverband (NMV)

Den Jägern mit Jagdhorn eröffnen sich bei der Aus- und Fortbildung seit kurzem neue Möglichkeiten: Die Landesjägerschaft Niedersachsen

Die Landesjägerschaft Niedersachsen e.V. und der
Niedersächsische Volksmusikerverband e.V. (NVV) treffen folgende

Vereinbarung:

§ 1

Gegenstand

Die Landesjägerschaft Niedersachsen bietet den in ihrem Bestand geführten
Bläsercorpsleiter/-innen und interessierten fortgeschrittenen Jagdhornbläser/-innen
eine Ausbildung nach den Richtlinien der BDBV an.

§ 2

Inhalte

Der Inhalt der Maßnahmen wird bestimmt durch die jeweils geltenden Richtlinien und
Prüfungsbedingungen der BDBV.

§ 3

Prüfungen

Die Prüfungen werden durch die Landesjägerschaft Niedersachsen in Zusammenarbeit mit dem Niedersächsischen Volksmusikerverband abgenommen. Der Niedersächsische Volksmusikerverband hat das Recht, einen Vertreter in die Prüfungskommission zu entsenden.

Für die Prüfungen im C-Bereich wird die Prüfungskommission vom Niedersächsischen Volksmusikerverband in Verbindung mit dem Landesmusikrat Niedersachsen
e.V. benannt.

§ 4

Anerkennung

Jagdhornbläser/-innen der Landesjägerschaft Niedersachsen erhalten nach bestandener Prüfung die Abzeichen und Ausweise des Verbandes.

§ 5

Organisation

Die Landesjägerschaft Niedersachsen ist für die organisatorische Durchführung
verantwortlich.

Sie befürwortet die Interessen des Niedersächsischen Volksmusikerverbandes e.V..

§ 6

Abstimmung

Der Niedersächsische Volksmusikerverband und die Landesjägerschaft Niedersachsen stimmen sich rechtzeitig mit allen Terminen ab.

§ 7

Kündigung

Diese Vereinbarung kann mit einer Frist von 6 Monaten zum 31.12. eines jeden
Jahres gekündigt werden. Die Kündigung bedarf der Schriftform.

Hannover, 13. März 1999

Wilhelm Holsten
Präsident der Landesjägerschaft Niedersachsen

Aloys Grba
Präsident des
Niedersächsischen Volksmusikerverbandes e.V.

*Am 13.3.1999 schloss sich der Nieder-
sächsische Volksmusikerverband
mit der Spielmannszug-Vereinigung
Niedersachsens zusammen und
firmiert seitdem – abweichend zur
Eintragung im obigen Dokument –
als NMV, Niedersächsischer Musikverband.*

und der Niedersächsische Musikverband unterzeichneten am 19. Oktober 1998 eine Vereinbarung, womit die LJN nun interessierten Jagdhorn-
bläser/innen eine Ausbildung nach den Richtlinien der Bundesvereinigung deutscher Blasmusikverbände (BDBV) anbieten kann.

Leistungsprüfungen für Laienmusiker nach den Richtlinien der
BDBV sind seit vielen Jahren nichts Besonderes mehr. Eine neue Qualität
wird jetzt durch die Einbeziehung der LJN erreicht, die außer allgemeinen Fortbildungsveranstaltungen auch Lehrgänge mit chronologischem
Aufbau (Blasen – Musiktheorie) und abfragbarem Wissen in die Hand
gibt. Gerade im Hinblick auf die bläserische Weiterentwicklung des einzelnen Jagdhornbläsers ist es sinnvoll, jene theoretischen Kenntnisse zu
vermitteln, die für ein tiefergehendes Verständnis der Jagdmusik letztlich
unerlässlich sind.

Die BDBV – Mitgliederzahl 1996: 10.118 Vereine mit 441.835 Aktiven
– hat u.a. für Jagdhörner Stoffpläne und Prüfungsanforderungen entwickelt. Die im Schwierigkeitsgrad gestaffelten Prüfungen tragen die
Bezeichnungen D1 (Bronze), D2 (Silber) und D3 (Gold).

Jede der drei Stufen lässt sich in einem individuell unterschiedlichen
zeitlichen Abstand erreichen. Sie werden durch Prüfungen abgesichert.

Im praktischen Teil der Prüfung wird ein Vortragsstück in einem festgelegten Schwierigkeitsgrad zusammen mit verschiedenen Übungen gefordert. Im theoretischen Teil der Prüfung löst der Jagdhornbläser schriftliche Aufgaben aus der Musiklehre.

Die Struktur der Fortbildung ermöglicht den Teilnehmern das Erreichen eines einheitlichen Ausbildungsstandes, der angefangen beim D1-Lehrgang für bläserische Anfänger bis zum C3-Kurs für Leiter/innen von Bläsergruppen reicht und den Absolventen dann das nötige musikalische Rüstzeug vermittelt, um den Anforderungen in der praktischen Arbeit gerecht werden zu können. Durch die Rahmenprüfungsordnung der BDBV wird in allen Bundesländern für die Prüfungen ein gleiches Niveau erreicht.

Im März 1999 wurde von der LJN der erste D1-Kurs im Jägerlehrhof Jagdschloss Springe durchgeführt. Inhaltlich gliederte sich der Vorbereitungslehrgang zur D1-Prüfung in zwei Teile:

a) **Musiktheorie**

I   Die Notenschrift
    Tonbenennung; Notenschlüssel; Hilfslinien; Vorzeichen;
    Längenwerte der Noten; Pausen; Zeichen der formalen
    Gliederung; Tempo- und Ausdrucksbezeichnungen;
    enharmonische Verwechslung; Artikulation und Phrasierung.

II Die Intervalle
    Kennen lernen der Intervalle in der Grundform

III Takt und Rhythmus
    Die Triole; punktierte Noten und Pausen; der Haltebogen.

IV Die Tonleitern
    Tetrachorde und Durtonleitern

b) **Festigung elementarer Kenntnisse mit dem Jagdhorn**
   Beherrschung des Tonraumes c' bis e''

Der Lehrgang endete für die 36 Teilnehmer/innen mit einer Prüfungsphase, bei der a) schriftliche Aufgaben aus der Musiktheorie gelöst wurden und b) im praktischen Teil der Nachweis bläserischer Grundkenntnisse (Vortrag zweier Jagdleit- und Totsignale und vom Blattspiel einer 8-taktigen Melodie) erbracht werden mussten.

Nach bestandener Prüfung – es wurden die Beurteilungsstufen: mit sehr gutem Erfolg, mit gutem Erfolg, mit Erfolg bestanden, vergeben – erhielten die Absolventen das Leistungsabzeichen der BDBV in Bronze (Stufe D1) und die Bestätigung in Form eines Ausweises.

Die positive Resonanz zum Pilotprojekt „Qualifizierung für Jagdhornbläser/innen" könnte eine Signalwirkung auf weitere Bundesländer haben, zum Nutzen des jagdlichen Brauchtums mit dem Horn.

Uwe Bartels

Das letzte Porträt

Epilog

E in Horn von schlichtester Bauart in erbärmlichem Zustand am Ende eines Buches über die große Tradition des Fürst-Pless-Horns?

Als Finale müsste doch eigentlich so etwas wie ein Feuerwerk, eine Spitzenleistung bereitstehen!

Das tut es auch. Wir sehen ein Instrument, das die Geschichte vom „Mann und seinem Horn" erzählen könnte, eine Geschichte, in der natürlich auch der Hund und die Flinte vorkommen. Hunde und Waffen haben aber an der Seite des Mannes gewechselt, das Horn ist dasselbe geblieben.

Ich kenne dieses Jagdhorn seit etwa 40 Jahren. Sein Besitzer kaufte es als Jungjäger vom knappen Gesparten. Inzwischen hätte er sich längst Besseres leisten können. Er ließ dieses Horn aber nicht von seiner Seite, denn es war sein erstes, und es hatte ihn bei seinen Bemühungen des Blasenlernens nicht enttäuscht.

Er liebte das Jagdhornblasen, und so begleitete ihn sein Instrument auch in Situationen, die für Hörner nicht besonders zuträglich sind. Es nahm an Stammtischen teil, lag auf allen möglichen Fahrzeugen und Transportmitteln, wurde hin und wieder eingeklemmt, fiel herunter, geriet auch einmal unter ein Wagenrad. Nach jedem kleineren oder größeren Missgeschick nahm es eine etwas andere Form an, denn der Besitzer war ein Mann der schnellen Tat, zur Improvisation bereit – und kein Instrumentenbauer. Rund, wie ein normales Jagdhorn, habe ich das Instrument eigentlich nie gesehen.

Der Besitzer war ein großzügiger Jagdherr. Wer blasen konnte, durfte mit regelmäßigen Einladungen zu sehr abwechslungsreichen Jagden rechnen. Er selbst blies nicht besonders gut aber mutig. Gerade dadurch sorgte er wohl immer wieder für besondere Motivation zur Steigerung des Blasens bei seinen Gästen. Die Jagden waren jedenfalls stets so etwas wie kleine regionale Bläserwettbewerbe.

Das Horn hat seinen Jagdherrn überlebt. Solange es an seiner Seite hing, habe ich es nie ausprobieren können. Später fand ich es bei einem Händler, der den Nachlass gekauft hatte und sich darüber erregte, was Leute so alles an Unrat aufheben.

Es ist nun Teil einer Sammlung historischer Hörner, mit Abstand das hässlichste aber gleichzeitig das wichtigste Stück. Es demonstriert nämlich ohne viel Aufhebens, was wirklich unverzichtbar ist bei einem Jagdhorn: Es muss klare, weittragende Töne erzeugen können und das zu jeder Zeit, in jedem Zustand und unter extremsten Bedingungen!

Jeder, der jetzt das Horn ausprobiert, dreht es hinterher mit Schmunzeln von einer Seite auf die andere und freut sich – das kann kein Bläser verbergen – über die unerwartet gelungenen Töne aus dieser Handvoll Knitterblech mit dem Namen „Fürst-Pless-Horn".

Die Mitautoren

Erhard Brütt

Wildmeister, als ehem. Leiter des Jägerlehrhofs Jagdschloß Springe Mitorganisator der Nds. Landesbläserwettbewerbe. Ausbilder und Prüfer von Jägern und Berufsjägern. Vorsitzender einer Jägerprüfungskommission, Kreisjägermeister.

Willi Friedl

Ehrenmitglied im LJV Hessen, stellvertretender Obmann für jagdliches Brauchtum, internationaler Wertungsrichter für Jagdhornblasen.

Manfred Hein

Landesobmann für jagdliches Brauchtum und Jagdhornblasen im LJV Freie und Hansestadt Hamburg, Preis für Öffentlichkeitsarbeit 1987 des DJV.

Martin Held

Dipl.-Ing., 2. Vorsitzender und Geschäftsführer der Jagdhornbläser-Gilde e.V., Jagdreiter, Obmann der Gilde-Landesgruppe Nordrhein-Westfalen.

Prof. Michael Höltzel

Professor für Horn und Kammermusik an der Hochschule für Musik, Detmold. Gründer und Leiter der „Detmolder Hornisten" Seminarleiter und internationaler Wertungsrichter für Jagdhornblasen, Übungsleiter und Wertungsrichter beim DJV und der Jagdhornbläser-Gilde.

Rudolf Schoenfeldt

Landesobmann für jagdliches Brauchtum, LJV Freie und Hansestadt Hamburg, 1964 bis 1972, Ausbilder für Jungjäger und Berater des Präsidiums im Bereich jagdliches Brauchtum, Übungsleiter und Wertungsrichter für Jagdhornblasen im DJV und der Jagdhornbläser-Gilde.

Prof. Dr. Holm Uibrig

Professor an der Technischen Universität Dresden, Fakultät Forst-, Geo- und Hydrowissenschaften, Institut für internationale Forst- und Holzwirtschaft. Seit 1961 Gründer und Leiter von forstbetrieblichen und studentischen Jagdhorn-Bläsergruppen.

Dr. Klaus Wogram

Leiter des Laboratoriums für Musikalische Akustik in der Physikalisch Technischen Bundesanstalt Braunschweig, Veröffentlichungen und Vorträge über die Akustik der Musikinstrumente, insbesondere von Blechblasinstrumenten, Posaunist, Mitglied in kammer- und populärmusikalischen Blechbläser-Ensembles.

Kunibert Zirkel

Stellv. Leiter der Musikschule Niedergrafschaft, Seminarleiter und Wertungsrichter für Jagdhornblasen bei der Landesjägerschaft Niedersachsen, Bundes-Wertungsrichter beim BDBV (Bundesvereinigung deutscher Blasmusikverbände).

Eine Hofjagd in der Göhrde,
Originalzeichnung von
Ludwig Beckmann
Quelle: Manfred Hein

LITERATURVERZEICHNIS

Vorwort – Einleitung

Pizka, Hans: HORNISTEN-LEXIKON 1986.

Hans-Heinrich XI. Fürst von Pless
Familie, Besitz und jagdkulturelles
Lebenswerk

Benzel, Willy: IM PARADIES DER HIRSCHE Rotwilderfahrungen
und Jagderinnerungen des letzten Wildmeisters beim Fürsten Pless.
Hamburg u. Berlin 1967.

Kruczek, Jan & Ziembinski, Janusz: SCHLOSSMUSEUM IN PSZCZYNA. 1998.

Hörner und Signale,
nicht nur Jäger kennen ihren Wert

Bundeswehr: ZENTRALE DIENSTVORSCHRIFT ZDv 78/3, Auftritte der
Musikkorps der Bundeswehr. Dezember 1986.

Degele, Ludwig: DIE MILITÄRMUSIK. Wolfenbüttel 1937.

Deisenroth, Friedrich: DEUTSCHE MILITÄRMUSIK IN FÜNF JAHR-
HUNDERTEN. Wiesbaden 1961.

Deutsche Gesellschaft f. Militärmusik e.V.: KORRESPONDENZ.

Flemming H.F. v.: DER VOLLKOMMENE TEUTSCHE JÄGER. Leipzig 1719,
Reprint Graz 1971.

Guntram C.F.: DIE JÄGER UND SCHÜTZEN. Berlin 1834.

Haupt, Werner: DIE DEUTSCHE SCHUTZTRUPPE. 1989.

Karstedt, Georg: LASST LUSTIG DIE HÖRNER ERSCHALLEN.
Hamburg u. Berlin 1964.

Knötel-Sieg: FARBIGES HANDBUCH DER UNIFORMKUNDE.
Lizenzausgabe Augsburg 1996, Erstausgabe Hamburg 1937.

Militärgeschichtliches Forschungsamt Rastatt:
SYMBOLE UND ZEREMONIELL IN DEN DEUTSCHEN STREITKRÄFTEN.
Korrespondenz Augsburg 1992.

Militärverlag DDR. SPIELMANN, TROMPETER, HOBOIST. Berlin 1998.

Munzel, Dr. Ernst: DER SAUPARK BEI SPRINGE. Dissertation. 1968.
Forstl. Fakultät Han.-Münden.

Ortenburg, Georg: HEERWESEN DER NEUZEIT. Koblenz 1988.

Panoff, Dr. Peter: MILITÄRMUSIK IN GESCHICHTE UND GEGENWART.
Berlin 1938.

Peßler, Dr. Wilhelm: DIE FORST- U. JAGDABTEILUNG IM VATERLÄNDISCHEN
MUSEUM DER STADT HANNOVER 1916.

Pompecki, B.: Jagd-und Waldhornschule. 2. Auflage, Neudamm 1926.

Preuss, Dr. Donald: Signalmusik. Dissertation, Berlin 1980.

Rosner, J.: Jagd-Signale und Jagdfanfaren. Pless 1887.

Sachs, C.: Handbuch der Musikinstrumentenkunde.
3. Nachdruck 1976, 1. Auflage Berlin 1919.

Stief, Reinhold: Handbuch der Jagdmusik. Band 1, München 1971.

Toeche-Mittler, Joachim: Armeemärsche. Band I-III, Berlin 1966.

Transfeldt, v. Brand- Quenstedt: Wort und Brauch im Deutschen Heer. 6. Auflage Hamburg 1967.

Wehrmacht: Heeres-Druckvorschrift (H. Dv.) 32 v. 1.9.1936. Bestimmungen für Musik-und Trompeterkorps des Heeres.

Die kaiserlichen Hofjagden

Löns, Hermann: Mein grünes Buch. Hannover.

Pompecki, Bernhard: Jagd-und Waldhornschule.
2. Auflage Neudamm 1926.

Flügelhörner, Vorbilder des Fürst-Pless-Horns

Corneli, R.: Die Jagd und ihre Wandlungen. Amsterdam 1884.

Degele, Ludwig: Die Militärmusik. 1937.

Schneider, Richard: Flügelhorn oder Halbmond. Die Pirsch, 3/97.

Ferdinand von Raesfeld, Begründer und Leiter forstlicher Bläsercorps

Raesfeld, Ferdinand v.: Das Deutsche Waidwerk. 11. Auflage, Hamburg & Berlin: Parey.

Der Fürst und sein Jagdhorn

Benzel, Willy: Das Fürst-Pless-Horn.
Wild und Hund, 72. Jahrg., 1969.

Deisenroth, Friedr.: Brief vom 3.2.1994.

Deutsche Jägerzeitung: Jahrgang 1916, Neudamm.

Deutsche Jagdzeitung: 2. Jahrg., 3/1873.

Dölling, Ernst und Dölling und Co.: Verschiedene Verkaufskataloge (Archiv Gerhard Wolfram, Markneukirchen).

Gautschi, Andreas: Jäger, 7/99.

Heyde, Herbert: Hörner und Zinken. Leipzig 1982.

Rosner, J.: Jagdsignale und Fanfaren. 10. Auflage, Pless 1888.

Fr. v. Ivernois: Waidmann, 15. Okt. 1878.

Formen des Fürst-Pless-Horns

Clewing, Carl: Denkmäler Deutscher Jagdkultur. Bd. 1: Musik und Jägerei. 1937.

Clewing, Carl: Deutsche Jagdsignale. Neudamm, 1936.

Frevert, Walter: Das Jagdliche Brauchtum. 1. Auflage, Hamburg u. Berlin 1936.

Jakob, Heinrich: Anleitung zum Jagdhornblasen. Hamburg u. Berlin 1982.

Jakob, Heinrich: So blasen die Jäger. Hamburg u. Berlin 1937.

Martin, Max B. und Pfretschner & Martin: Firmenkataloge 1903 bis 1936.

Redslob, Kurt: Deutsche Jagdsignale. Neudamm 1936.

Wild und Hund: Jahrg. 1935.

Wunderlich, C.A.: Angebotsliste. Siebenbrunn 1935.

Zur Auswahl des eigenen Horns

Karstädt, Georg: Lasst lustig die Hörner erschallen. Hamburg u. Berlin 1964.

Pompecki, Bernhard: Jagd-und Waldhornschule. 2. Aufl., Neudamm 1926.

Reinhold Stief – Begründer und Vermittler neuer Formen von Jagdmusik

Stief, Reinhold: Handbuch der Jagdmusik. Bd. 1, 1971. F.C. Mayer Verlag, München. (Nachdruck mit freundl. Genehmigung des BLV-Verlags.)

Jagdmusik für „Pless-Horn" in der DDR

Anonymus (1985): Aufruf zum Wettbewerb „Volkskünstlerisches Schaffen der Jäger" Unsere Jagd.

Anonymus (1955): Jagdliches Brauchtum. Forst und Jagd.

Anonymus (1971): Leistungsvergleich der Hörnergruppen der DDR. Unsere Jagd, Umschlagseite H. 12.

Anonymus (1986): Preisträger des Wettbewerbes „Volkskünstlerisches Schaffen der Jäger". Unsere Jagd.

Anonymus (1973): Versorgung der Jäger mit Jagdbekleidung und Zubehör. Unsere Jagd.

Anonymus (1980): Jagdbekleidung für die Jüngsten. Unsere Jagd.

Anonymus (1972): Wie die Arbeitsgruppe „Junge Jagdhelfer" in Quedlinburg lernt und schafft. Unsere Jagd.

Heinrich, H. (1970): Jagdhornbläserausscheid in Klingenthal. Unsere Jagd.

Just u.a. (1960) Kampf um den Titel „Sozialistisches Jagdkollektiv". Forst und Jagd.

Kleinert, W. (1990): Zentraler Leistungsvergleich der Jagdhornbläsergruppen. Unsere Jagd.

Kleinert, W. (1982): Zentraler Leistungsvergleich der Jagdhornbläsergruppen 1982. Unsere Jagd.

Kleinert, W. (1986): Zentraler Leistungsvergleich der Jagdhornbläsergruppen 1986 – Ergebnisse und Schlussfolgerungen. Unsere Jagd.

König, H. (1954): Einiges zur Kulturarbeit an der Forstwissenschaftlichen Fakultät Eberswalde. Forst und Jagd.

Kurth, E. (1958): Über einige Probleme der Anwendung jagdlicher Sitten und Gebräuche. Forst und Jagd.

Kutzner, K. (Hrsg.) (1978): Auf, auf zum fröhlichen Jagen. VEB Lied der Zeit Musikverlag.

Leidel, G. (1970): Hört in den Wäldern um Klingenthal die Hörner tönen – Zur Entwicklung des Jagdhornblasens in der Jagdgesellschaft Klingenthal. Unsere Jagd.

Lemke, Dr. K. / Stoy, F. (1971): Jagdliches Brauchtum. VEB Deutscher Landwirtschaftsverlag Berlin.

Lemke, Dr. K.; Stoy, F. (1971): Jagdliches Brauchtum. VEB Deutscher Landwirtschaftsverlag Berlin, Zweite, überarbeitete Auflage.

Manfred Patzig, Jagdgesellschaft Neubrunn u.a. (1968): Neuerscheinungen für Jagdhörner. Unsere Jagd.

Mäser, R. (1970): Einige Bemerkungen zum Leistungsvergleich der Jagdhornbläser-Gruppen 1970 in Markkleeberg. Unsere Jagd.

Marschner, W. (1966): Anleitung zur Aufstellung von Jagdhorn-gruppen. Unsere Jagd.

Ministerium für Land- und Forstwirtschaft, Abteilung Forstwirtschaft (1959): Markkleeberg ruft – Erste Jagd- und Trophäenschau Leipzig-Markkleeberg vom 23. August bis 13. September 1959.

Oberste Jagdbehörde der DDR (Hrsg.): Deutsche Jagdsignale. Leipzig 1967.

Patzig, M. (1973): Das Jagdhorn – Eine methodische Anleitung zum Jagdhornblasen und eine Sammlung neuer Spielstücke für Jagd-horn-Bläsergruppen. Leipzig.

Stoy, F. (1966): Ausscheid der Jagdhorngruppen 1966 in Markkleeberg. Unsere Jagd.

Stoy, F.(1968): Wie lieblich schallt … Unsere Jagd.

Treffz, H. (1964): Wo sind die Bläser? Unsere Jagd.

Uibrig, H. (1983): Jagdhörner aus dem vogtländischen Musik-winkel. Unsere Jagd.

Uibrig, H. (1975): Zu einigen Aspekten des Jagdhornblasens in der DDR. Unsere Jagd.

Voß, E. u.a. (1989): Das Jagdwesen der Deutschen Demokratischen Republik. VEB Deutscher Landwirtschaftsverlag Berlin (nicht veröffent-licht).

Winkler, W. (1980): Hört ihr der Hörner munteres Schallen. Berlin.

Winkler, W. (1974): Wie lieblich schallt's durch Busch und Wald ... Unsere Jagd.

Winkler, W.(1976): Zu den Pflichtsignalen 1976. Unsere Jagd

Das Signalhornblasen im jagd-lichen Brauchtum und Jagdrecht

CIC- Deutsche Delegation Kommission: „Jagdliche Ethik" Grundsätze der jagdlichen Ethik, 5 Informationsseiten vom 18.10. 1994, veröffentlicht über Kopien des LJV Freie und Hansestadt Hamburg.

„Compagnons de Saint Hubert": „Ehrencodex der Comp. de St. Hubert", Priv. Mitteilg. durch Forstdir. Dr. Funke, Hamburg.

DJV: „Die Jagdsignale". Vollständige Sammlung aller offiz. Jagdsignale 6. Auflage, Berlin 1997.

Drees, Ltd.: „Zu den Grenzen der Waidgerechtigkeit".
in Anlage 4 zum Präsidiumsprotokoll vom 13. 6. 94.

Frevert, Walter: „Das jagdliche Brauchtum".
9. Auflage, Hamburg u. Berlin 1961.

Frevert, Walter: „Das jagdliche Brauchtum". Neu bearbeitet von Friedr.
Türcke, 11. Auflage, Hamburg u. Berlin 1981.

Gerichte: Urteile zur Thematik Nds. Oberverwaltungsgericht
Lüneburg. Betr.: BJG § 45 Abs. 5, Nds. L.-Jagd G, Art 25 Abs. 3, Senat,
Urteil v. 7. 3. 96, Veröffentlicht in „Entscheidungen der Gerichte und
Behörden" in „Recht der Landwirtschaft" Nr. 12/96.

Hespeler J.: „Waidgerecht". Artikel veröffentlicht in „Der Jäger" 6/97.

Jagdgesetze „Reichsjagdgesetz". vom 3. Juli 1934, Neudamm 1935.

Jägerprüfungsordnungen der Länder der Bundesrepublik
Deutschland (über Landesjagdverbände oder die Ordnungsämter der
Länder, bzw. Kreise oder Städte).

Lemke, Dr. K. / Stoy, F. (1971): Jagdliches Brauchtum. VEB Deutscher
Landwirtschaftsverlag, Berlin1971.

Schoenfeldt, R.: „Jagdliches Brauchtum".
Vorlesungen im LJV Freie und Hansestadt Hamburg seit 1965.

Reflexionen zur Jagd

Reinhard Meister
Geheimnis
Faszination Jagd
198 Seiten, Hardcover
Bestell-Nr.: 5836n
78,- DM, 569,- öS, 71,- sFr

Der Autor setzt sich in brillanter Sprache mit den verschiedenen Facetten des jagdlichen Erlebens auseinander: Dramatik, Stille und Andacht, Freude und Trauer, Zweifel und Enttäuschung, Leid und Leidenschaft, Staunen und Verwunderung über die Natur und sich selbst, aber auch die Erfüllung und Passion werden in den sehr unterschiedlichen, stets einfühlsam geschriebenen Erzählungen und Aufsätzen behandelt. Zu den ambitionierten Texten fügen sich die atemberaubenden Naturfotografien harmonisch ein.

Niemand der nach dem tieferen Sinn des Jagens sucht, kann auf diesen niveauvollen und repräsentativen Geschenkband verzichten.

Zum Autoren:
Reinhard Meister besitzt seit 25 Jahren den Jagdschein und ist in vielen Ländern auf unterschiedlichen Kontinenten seiner Jagdleidenschaft nachgegangen. Neben den heimischen Revieren ist es vor allem das südliche Afrika, was ihn besonders fasziniert.

Bestellhotline: Telefon 01 30 / 17 78 90

Erhältlich
überall wo es Bücher gibt
oder direkt beim:

Landbuch Verlag Hannover

Postfach 160, 30001 Hannover
Telefon: 05 11 / 67 80 62 22
Fax: 05 11 / 67 80 62 20
buch@landbuch.de · http://www.landbuch.de

Stand: September 1999. Änderungen vorbehalten.